# Privatinsolvenz

-

### Der Insolvenzverwalter und ich:
## meine Rechte in der Insolvenz

Silke Meeners

Copyright © 2015

Rechtsanwältin Silke Meeners,

Düsseldorf

All rights reserved.

**ISBN-13:**

978-1505927849

**ISBN-10:**
1505927846

inso-im-griff Band 2

## Ein Wort vorweg

Ich habe mich dafür entschieden, die Leser dieser Buchreihe mit „du" anzusprechen statt mit „Sie".

Damit möchte ich niemandem zu nahe treten oder kumpelhaft erscheinen, sondern ich habe diese Form gewählt, weil ich sehr oft die Erfahrung gemacht habe, dass Menschen mit einem Du besser zum tatsächlichen Handeln motiviert werden können.

Sie fühlen sich besser wahrgenommen, wenn man sie persönlich und konkret anspricht statt distanziert-überlegen allgemeine Ratschläge zu erteilen. Und sie sind dann eher bereit, auch wirklich aktiv zu werden, statt die Informationen nur zu „konsumieren".

Um das eigene Verfahren aktiv mitzugestalten und die eigenen Rechte zu wahren, muss man die Abläufe erst einmal grundsätzlich verstehen und seine Handlungsmöglichkeiten kennen. Dabei fällt es leichter, sich auf diese fremde juristische Welt einzulassen, wenn man die gleiche Sprache spricht und sich auf Augenhöhe mit dem Autor befindet.

**Übrigens: ich spreche hier im Buch immer von Insolvenzverwalter (eröffnetes Verfahren) und Treuhänder (Wohlverhaltensphase), so wie es seit 01.07.2014 Rechtslage ist.**

**Wurde dein Verfahren vor dem 01.07.2014 eröffnet, heißt dein Insolvenzverwalter auch im eröffneten Verfahren „Treuhänder", aber für dich macht das keinen praktischen Unterschied, denn für beide Bezeichnungen gelten meine nachfolgenden Erklärungen gleich und du kannst alle Schreiben und Anträge genauso verwenden.**

# Inhalt

Ein Wort vorweg..................................................................5
Ein Buch für dich? ..............................................................11
Der Insolvenzverwalter: Aufgaben und Pflichten............16
    Wie wird man eigentlich Insolvenzverwalter? .............18
    Welche Aufgaben hat der Insolvenzverwalter? ..........21
Die ersten Tage des eröffneten Verfahrens.....................25
Der Prüfungstermin .........................................................30
Die einzelnen Verwertungsschritte .................................38
    Einkommen..................................................................40
    Geldvermögen.............................................................41
    bewegliche Sachen.....................................................42
    Immobilien...................................................................44
    Forderungen ................................................................45
    Rechte / Lizenzen / Geschäftsanteile........................47
Der Schlusstermin ............................................................49
Nachtragsverteilung? .......................................................54
Aufhebung des Insolvenzverfahrens ...............................56
Wohlverhaltensphase ......................................................58
Die Erteilung der Restschuldbefreiung ...........................63
Die Versagung der Restschuldbefreiung ........................68
Deine Rechte in der Insolvenz .........................................76
Reaktions- und Handlungsmöglichkeiten.......................79
    Anforderung Informationen / Unterlagen ..................80

Anträge ..................................................................83
Stellungnahme / Mitteilung .........................................95
Widerspruch / Sofortige Beschwerde........................99
Stichworte + Rechtsprechung A- Z............................104
Geschafft! ...............................................................136

## **Infokasten:**

① **Schuldner/in** = Du

② **Insolvenzverwalter/in** = zuständig für die Abwicklung deines Verfahrens; ihm/ihr musst du Auskünfte erteilen

③ **Rechtspfleger/Rechtspflegerin** = bearbeitet Dein Verfahren und trifft die Entscheidungen

④ **Geschäftsstelle** = persönliche / telefonische / schriftliche Kontaktstelle zum Insolvenzgericht

⑤ **Insolvenzrichter/Insolvenzrichterin** = eröffnet Dein Verfahren entscheidet besondere Anträge

⑥ **Gläubiger** = die Menschen und Firmen, denen du Geld schuldest

⑦ **Inkassobüro** = von Gläubiger beauftragte Firma, die das Geld eintreiben soll

⑧ **Beschluss** = Entscheidung des Insolvenzgerichts im Verfahren

⑨ **Antrag** = formelle Bitte / Anfrage an das Insolvenzgericht, über die entschieden werden muss

⑩ **Restschuldbefreiung** = du musst deinen Gläubigern kein Geld mehr zahlen!

## Ein Buch für dich?

Du bist auf dieses Buch gestoßen, weil du wissen möchtest, was der Insolvenzverwalter in deinem Verfahren darf oder eben auch nicht darf.

Vielleicht gehörst du sogar zu den vielen Betroffenen, die sich im Verfahren gerade kräftig über „ihren" Insolvenzverwalter ärgern, aber nicht wissen, ob und wie sie sich gegen sein Vorgehen wehren sollen. **Wie soll man als juristischer Laie auch immer wissen, ob alles richtig läuft oder ob einzelne Handlungen im Insolvenzverfahren nicht nur unangenehm, aber notwendig, sondern eigentlich sogar unzulässig sind?**

In diesem Bereich herrscht weitverbreitete Unsicherheit bei fast allen Insolvenzschuldnern. Und nur die wenigsten sind auch nach der Eröffnung des Insolvenzverfahrens noch von Fachleuten gut beraten und vertreten. Sie müssen also entweder alles einfach in Kauf nehmen oder selber aktiv werden, was sich viele aber nicht zutrauen.

Das liegt vor allem an der Grundkonstellation zu Beginn eines Insolvenzverfahrens: die Betroffenen haben eine lange Leidenszeit durch drückende Schulden hinter sich und sind mit Schuldgefühlen und Unsicherheit belastet.

Viele treten das Insolvenzverfahren deshalb an wie eine verdiente Gefängnis-Strafe: sie geben am Eingang ihre Rechte und persönlichen Habseligkeiten ab, um am Ende des Verfahrens möglichst ungesehen, soz. durch den Hinterausgang, mit der Restschuldbefreiung in der Hand davon zu huschen.

Erkennst du dich in diesem Verhalten ein wenig wieder? Hast du dich bisher auch lieber an die Vogel-Strauß-Methode gehalten und hoffst, irgendwie unbeschadet durch das Verfahren zu kommen?

Ich kenne diese angstvolle Starre, die Hilflosigkeit und die oft daraus resultierende Wut auf den handelnden Insolvenzverwalter oder gleich „das ganze System".

Irgendwer muss schließlich schuld sein und die Verantwortung bei sich selber suchen ist meist unangenehmer als sie auf andere zu schieben.

Wenn du es dabei belassen willst, brauchst du dieses Buch hier erst gar nicht zu lesen, denn es hilft dir nur weiter, wenn du auch selber aktiv werden und die Chance wahrnehmen willst, deine Rechte durchzusetzen und gestärkt aus dem Insolvenzverfahren zu kommen.

Nur schimpfen, aber selber nichts zur Klärung und Abwicklung beitragen, hilft nun einmal auf Dauer nicht weiter.

**Wenn du aber den Mut hast, dein Insolvenzverfahren und dein Leben wieder selber in die Hand zu nehmen und für deine Rechte einzutreten, gebe ich dir hier die notwendigen Informationen und Hilfsmittel an die Hand, dies auch zu tun.**

Das hilft dir letztlich nicht nur im Insolvenzverfahren, sondern verbessert sogar langfristig dein Bewusstsein für deine Verantwortung in finanziellen Angelegenheiten.

Du hast dann auch nach erfolgreicher Restschuldbefreiung deutlich bessere Aussichten, wirtschaftlich wieder sicher auf eigenen Füßen zu stehen und nicht erneut in Schuldenkreisläufe zu geraten. Das unterscheidet dich von vielen anderen, die im Verfahren still halten und deshalb auch nichts daraus lernen.

**Du erhältst hier Einblick**

- in die standardisierten Abläufe der Privatinsolvenz und erfährst,
- -welche Rechte du hast und
- mit welchen Mitteln du sie durchsetzen kannst. Für die direkte Umsetzung gebe ich dir
- -Muster- und Antragsschreiben an die Hand und zitiere die wichtigsten
- Entscheidungen des Bundesgerichtshofs zur Verbraucherinsolvenz.

Die weit verbreitete Passivität vieler Insolvenzschuldner resultiert nämlich aus einem <u>völlig falschen Verständnis des Insolvenzverfahrens: es ist keine „Strafe" und auch „Gnadenakt"</u>!

Es ist dein vom Gesetzgeber gewünschter und zur Verfügung gestellter Weg, schuldenfrei zu werden und wieder ganz normal am Wirtschaftskreislauf teilzunehmen.

Und es ist absolut vorgesehen und erwünscht, dass du dein Verfahren aktiv mitgestaltest!

Sei nicht wie das Kaninchen vor der Schlange! Lass dich nicht einschüchtern von dem strengen Blick des Gesetzes, den der Insolvenzverwalter dir zuwirft.

Im besten Fall befindet ihr euch auf Augenhöhe und gestaltet das Verfahren konstruktiv miteinander statt euch gegenseitig völlig unnötig das Leben schwer zu machen.

**Vielleicht ist es dir auch einfach nur wichtig, sicher zu wissen, dass im Verfahren alles seine Richtigkeit hat und welche Verfahrensschritte als nächstes auf dich zukommen. Auch dann hilft dir dieser Ratgeber weiter, indem ich dir alles genauer erkläre und die Rechtslage mit den entsprechenden Gerichtsurteilen untermauere.**

Im Insolvenzverfahren gibt es eine klare Rollenverteilung und wenn du dich daran orientierst, fällt es dir bestimmt leichter, das Ganze ruhig und sachlich anzugehen statt ängstlich und emotional:

Das Insolvenzgericht leitet das Verfahren und achtet auf die Einhaltung der gesetzlichen Vorgaben.

Der Insolvenzverwalter erfüllt die Aufgabe der Vermögensabwicklung im Sinne aller beteiligter Gläubiger.

Und du hast ein konkretes Ziel: die Restschuldbefreiung, die dir den wirtschaftlichen Neuanfang ermöglichen soll.

Mit diesem Ratgeber helfe ich dir, die einzelnen Abläufe im Verfahren zu verstehen, erkläre das gesetzlich vorgesehene Handeln des Insolvenzverwalters und die entsprechenden Gründe und helfe dir, deine Rechte zu wahren, ohne die Restschuldbefreiung zu gefährden.

Mach dir dabei bitte klar, dass du in diesem „Film" nicht der Kabelträger des Kameramanns bist, sondern eine Hauptrolle spielst. Das Insolvenzgericht ist quasi der Regisseur, das Gesetz gibt das Drehbuch und den meisten Text vor, um das „Happy End" (Restschuldbefreiung) zu erreichen, aber du kannst wählen, ob du dich selber zum stummen Statisten degradierst oder deine Rolle selber interpretierst und ausgestaltest.

Zusätzlich erkläre ich dir hier auch die Hintergründe und Motivation hinter dem Vorgehen des Insolvenzverwalters aus praktischer Sicht.

Woher habe ich dieses Wissen? Ich habe selber in den letzten 10 Jahren in hunderten von Fällen für mehrere Insolvenzgerichte als Insolvenzverwalterin gearbeitet. Außerdem habe ich als Rechtsanwältin viele Betroffene durch Schuldenregulierung und Privatinsolvenz begleitet und kenne daher die Abläufe und regelmäßig auftretenden Probleme aus erster Hand. Meine Erfahrungen teile ich hier mit dir und helfe dir damit, gut durch dein Insolvenzverfahren zu kommen.


Los geht´s!

# Der Insolvenzverwalter: Aufgaben und Pflichten

Du hast die außergerichtliche Schuldenbereinigung hinter dir und den Insolvenzantrag bei dem zuständigen Gericht eingereicht.

Wenn alle Unterlagen vollständig waren und du alle notwendigen Angaben im Antrag gemacht hast, bekommst du einige Tage später Post vom Insolvenzgericht, das dich über die Eröffnung deines Insolvenzverfahrens informiert. Der Brief ist etwas dicker, weil der Mitteilung des Insolvenzgerichts der offizielle Beschluss über die Eröffnung beigefügt ist, der ungefähr so aussieht:

---

- Ausfertigung/Abschrift -

**Amtsgericht Wunderland**
**Insolvenzgericht**
**Geschäfts-Nr.: 456 IK 123/ 15**
(bitte stets angeben)

**Beschluss**

Über das Vermögen der
Beate Ohnemoos geb. Unbesorgt, geb. am 16.09.1976, Hauptstraße 1, 12345 Sorgenstadt

Verfahrensbevollmächtiger:
Rechtsanwalt I. Hilfreich, Querstraße 2, 12345 Sorgenstadt

wird heute, am 04.03.2015 um 16:00 Uhr wegen Zahlungsunfähigkeit gem. §§312 ff. Insolvenzordnung (InsO) das Insolvenzverfahren eröffnet.

Zum Insolvenzverwalter wird bestellt:
Steuerberaterin A. Wissend, Postallee 3, 12345 Sorgenstadt, Tel.: 01234-56789, Fax: 01234-5678910, E-Mail: info@kanzlei-wissend.de

Insolvenzforderungen sind **bis zum 31.03.2015** bei der Insolvenzverwalterin schriftlich anzumelden. Sicherungsrechte an beweglichen Sachen oder Rechten der Schuldnerin sind gegenüber der Insolvenzverwalterin mitzuteilen, Verpflichtungen gegenüber der Schuldnerin sind an die Insolvenzverwalterin zu erfüllen (§ 28 InsO).
Wer die Mitteilung schuldhaft unterlässt oder verzögert, haftet für den daraus entstehenden Schaden (§ 28 Abs. 2 InsO).

Der Schuldnerin wird gem. §80 InsO die Verfügung und Verwaltung über ihr gegenwärtiges Vermögen und das Vermögen, das sie während der Zeit des Verfahrens erlangt, verboten. Die Verfügungsbefugnis geht auf den vorgenannten Treuhänder über.

Schuldbefreiende Leistungen können nach dem Eröffnungszeitpunkt nicht mehr an die Schuldnerin erfolgen. Wird gleichwohl an die Schuldnerin geleistet und gelangen die Leistungen nicht zur Masse, besteht die Gefahr einer nochmaligen Leistungsverpflichtung gegenüber dem Insolvenzverwalter.

Der Insolvenzverwalter wird mit der Durchführung der Zustellungen beauftragt (§8 Abs. 3 InsO).

Es ist ein Antrag auf Restschuldbefreiung gestellt.
Der/Die Schuldner/in wird Restschuldbefreiung erlangen, wenn er/sie den Obliegenheiten nach § 295 InsO nachkommt und die Voraussetzungen für eine Versagung nach den §§ 290, 297 und 298 InsO nicht vorliegen.

Das Verfahren wird **schriftlich** durchgeführt (§ 5 Abs. 2 S. 1 InsO).
Auf die Durchführung eines Berichtstermins wird zunächst verzichtet.
Stichtag, der dem Prüfungstermin entspricht ist der **20.04.2015.**

Dieser Termin entspricht zugleich dem Termin ersten Gläubigerversammlung.
Bis zu diesem Datum müssen schriftlich bei Gericht eingegangen sein:
a) Widersprüche, mit denen Forderungen bestritten werden (der Widerspruch muss enthalten gegen welche Forderung konkret er sich richtet und inwieweit er sich gegen Grund und Betrag wendet; nach Ablauf der Frist gilt die jeweilige Forderung als festgestellt, falls kein Insolvenzgläubiger oder der Insolvenzverwalter die Forderung bestreitet)
b) Anträge über:
- die Person des Verwalters (§ 57 InsO),
- die Einsetzung und Besetzung eines Gläubigerausschusses (§ 68 InsO)
- Zwischenrechnungslegungen gegenüber der Gläubigerversammlung (§ 66 Abs. 3 InsO),
- eine Hinterlegungsstelle und Bedingungen zur Anlage und Hinterlegung von Geld, Wertpapieren und Kostbarkeiten (§ 149 InsO),
- die Wirksamkeit der Verwaltererklärung zu Vermögen aus selbstständiger Tätigkeit des Gemeinschuldners (§ 35 II InsO),
- eine Beauftragung des Verwalters zur Ausarbeitung eines Insolvenzplanes (§ 157 I 2 InsO),
- Die Verwertung der Insolvenzmasse (§ 159 InsO),
- besonders bedeutsame Rechtshandlungen des Verwalters (§ 160 InsO); insbesondere: die Veräußerung eines unbeweglichen Gegenstandes aus freier Hand, die Aufnahme eines Darlehens, das die Masse erheblich belasten würde, Anhängigmachung, Aufnahme, Beilegung oder Vermeidung eines Rechtsstreits mit erheblichem Streitwert (§ 160 InsO)
- Zahlung von Unterhalt an den Gemeinschuldner aus der Insolvenzmasse (§ 100 InsO),

Die Insolvenztabelle und die Anmeldungsunterlagen werden innerhalb des ersten Drittels des Zeitraums, der zwischen dem Ablauf der Anmeldefrist und dem vorstehend genannten Stichtag, zu dem die Forderungen schriftlich geprüft werden auf der Geschäftsstelle des Insolvenzgerichts Mayen, St.-Veit-Str. 38, 56727 Mayen, Zimmer 15/16, zur Einsicht für die Beteiligten niedergelegt.
Gläubiger, deren Forderungen festgestellt werden, werden nicht benachrichtigt

Rechtsmittelbelehrung [...]

Schulze-Müller
Richter

ausgefertigt
Wunderland, den 06.03.2015

Kunze, Justizangestellte
als Urkundsbeamter der Geschäftsstelle

(Stempel Amtsgericht)

Aus dem Beschluss erfährst du alle wichtigen Daten für die nächsten Wochen und Monate und erfährst vor allem, wer dein Insolvenzverwalter ist.

In meinem Beispielsfall ist der Insolvenzverwalter eine Frau, nämlich die Steuerberaterin Agathe Wissend.

## Wie wird man eigentlich Insolvenzverwalter?

Du fragst dich vielleicht, was das überhaupt für Menschen sind, die Insolvenzverwalter werden und wieso du einen bestimmten Insolvenzverwalter zugeteilt bekommen hast.

„Insolvenzverwalter" ist ursprünglich keine eigene Berufsbezeichnung, man macht keine klassische Ausbildung, an deren Ende man sich so nennen darf. Trotzdem ist es heute als Beruf anerkannt. Wer Insolvenzverwalter wird, bestimmt der Insolvenzrichter. Und der wiederum trifft die Auswahl zwischen verschiedenen Personen, die sich beim Insolvenzgericht für Abwicklung von Insolvenzverfahren beworben und die notwendigen Fachkenntnisse hierfür nachgewiesen haben.

Das Gesetz, §56 InsO, regelt die Voraussetzungen für die Bestellung des Insolvenzverwalters zunächst recht allgemein:

---

**§56 InsO – Bestellung des Insolvenzverwalters –**

(1) Zum Insolvenzverwalter ist eine für den jeweiligen Einzelfall geeignete, insbesondere geschäftskundige und von den Gläubigern und dem Schuldner unabhängige natürliche Person zu bestellen, die aus dem Kreis aller zur Übernahme von Insolvenzverwaltungen bereiten Personen auszuwählen ist. Die Bereitschaft zur Übernahme von Insolvenzverwaltungen kann auf bestimmte Verfahren beschränkt werden. Die erforderliche Unabhängigkeit wird nicht schon dadurch ausgeschlossen, dass die Person

1. vom Schuldner oder von einem Gläubiger vorgeschlagen worden ist oder

2. den Schuldner vor dem Eröffnungsantrag in allgemeiner Form über den Ablauf eines Insolvenzverfahrens und dessen Folgen beraten hat.

(2) Der Verwalter erhält eine Urkunde über seine Bestellung. Bei Beendigung seines Amtes hat er die Urkunde dem Insolvenzgericht zurückzugeben.

---

In der Praxis hat sich über viele Jahre hinweg eingespielt, dass meistens rechts- und wirtschaftskundige Personen, also Rechtsanwälte, Steuerberater, Wirtschaftsprüfer, Diplom-Kaufleute etc. als Insolvenzverwalter tätig sind und – je nach Verfahrensstruktur – vom Insolvenzgericht für die unterschiedlichen Verfahren bestellt werden.

Das bedeutet, dass ein Insolvenzverwalter in der Regel ein abgeschlossenes Universitätsstudium hat und meistens bereits einige Jahre Berufserfahrung. In Verbraucherinsolvenzverfahren sind es meistens Rechtsanwälte, die sich genau auf diese Verfahren spezialisiert haben, da es natürlich ein Unterschied ist, ob man das Vermögen einer Privatperson abwickelt oder einen international tätigen Konzern.

Oft arbeiten diese Rechtsanwälte in einer größeren regionalen Kanzlei, die eine eigene Insolvenzabteilung hat und im gesamten Ablauf eingespielt ist. Manchmal sind es auch Einzelanwälte, die neben dem Fachwissen eine besonders intensive persönliche Betreuung des Verfahrens gewährleisten können.

Letztlich geht es immer darum, die Verfahren so geordnet und schnell wie möglich abzuwickeln. Dafür benötigt man nicht nur die entsprechenden Fachkenntnisse, sondern vor allem Erfahrungswerte und ein Gespür für Zusammenhänge, die bereits aus der Akte erkennbar sind.

Du bekommst also einen Verwalter zugeteilt, der bei deinem Insolvenzgericht gelistet ist, weder dich noch einen deiner Gläubiger im Vorfeld vertreten hat und nach Kenntnis des Insolvenzrichters mit seinen schon laufenden Verfahren nicht bereits überlastet ist.

Die Insolvenzrichter prüfen auch, ob die Kanzleistruktur der Bewerber für die Insolvenzverwaltung entsprechend ausgerichtet ist und gewährleistet werden kann, dass die dortigen Abläufe an die standardisierten Vorgaben der Gerichte angepasst sind.

Wie in allen wirtschaftlichen Zusammenhängen geht es nämlich auch in der Insolvenzverwaltung darum, möglichst ökonomisch vorzugehen, d.h. mit geringstmöglichen eigenen Zeit-, Kosten- und Personalaufwand die bestmögliche Abwicklung zu erreichen. Das funktioniert in den Privatinsolvenzen, in denen oft wenig bis kein verwertbares Vermögen vorhanden ist, nur mit einem **straffem Abwicklungsplan, standardisierten Schreiben und Prüfungsschritten.**

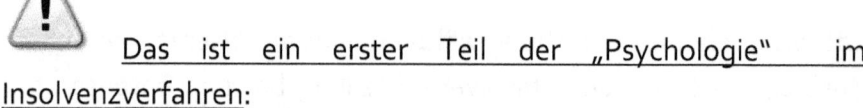 Das ist ein erster Teil der „Psychologie" im Insolvenzverfahren:

Vor diesem Hintergrund ist klar, dass der Insolvenzverwalter möglichst wenig Arbeit mit dir haben möchte. Es liegt ja in *deinem* Interesse, dass das Verfahren gut läuft. Du möchtest schließlich die Restschuldbefreiung erlangen.

So ein Insolvenzverwalter ist oft ein schwer beschäftigter Mensch: als Rechtsanwalt / Steuerberater / Wirtschaftsprüfer o.ä. hat er täglich viele verschiedene Fälle zu bearbeiten, mit verschiedensten Menschen, Behörden und Sachverhalten zu tun, muss komplizierte juristische Sachverhalte klären und oft auch viele Termine wahrnehmen.

Als Beteiligter im Privatinsolvenzverfahren hast du es deshalb häufig nicht mit dem bestellten Insolvenzverwalter persönlich zu tun, sondern mit einem seiner Sachbearbeiter, d.h. jungen Anwälten oder anderen Mitarbeitern der Kanzlei.

**Je weniger Arbeit du dem Insolvenzverwalter also zusätzlich bereitest, desto weniger Ärger wird er dir in der Regel machen.**

## Welche Aufgaben hat der Insolvenzverwalter?

Der Insolvenzverwalter ist also vom Gericht beauftragt und wird entsprechend seine Aufgaben erfüllen.
Das heißt, dass er

- einerseits die gesetzlichen Vorgaben einhalten,

- andererseits aber auch den oft noch spezielleren Anforderungen der Insolvenzrichter und Rechtspfleger gerecht werden muss.

 Das ist ein weiterer Teil der „Psychologie" im Insolvenzverfahren:

Der Insolvenzverwalter ist nicht ehrenamtlich tätig, sondern muss mit der Erfüllung seines Auftrags Gewinn erwirtschaften, um für sich und seine Mitarbeiter ein Einkommen zu erzielen. Aus seiner Sicht ist das Insolvenzgericht also ein wichtiger Auftraggeber, mit dem er regelmäßig zusammenarbeiten möchte. Das Insolvenzgericht wird ihm aber nur Folgeaufträge erteilen, wenn er gute Arbeit abliefert und die Zusammenarbeit reibungslos funktioniert.

**Für das Insolvenzgericht ist dabei oft besonders wichtig, dass möglichst die Verfahrenskosten herein geholt werden und im besten Fall auch eine Verteilung an die Gläubiger erfolgen kann.**

Jedes Insolvenzgericht ist dabei etwas anders. Es gibt Unterschiede je nach Bundesland und in den Bundesländern wieder große

Unterschiede zwischen den Insolvenzgerichten.

Zwar gelten natürlich überall die gleichen Gesetze (im Insolvenzverfahren vor allem die Insolvenzordnung –InsO- und die Zivilprozessordnung-ZPO), aber die praktische Handhabung unterscheidet sich deutlich.

Es gibt Insolvenzrichter, die sehr aktiv und engagiert im Insolvenzbereich sind und dafür sorgen, dass die Rechtspfleger und Geschäftstelllen entsprechend geschult und standardisiert in der Bearbeitung sind. Es gibt Rechtspfleger (Sachbearbeiter beim Insolvenzgericht) die sich vertieft mit dem Insolvenzverfahren auseinandergesetzt haben und sehr spezialisiert sind.

Aber es gibt auch Insolvenzrichter und Rechtspfleger, die Insolvenzen nur mit Teilstellen und „nebenbei" bearbeiten.

Manche Gerichte führen die Insolvenzakten auch in Verbraucherinsolvenzen sehr straff und achten auf **zügige Bearbeitung durch den Insolvenzverwalter und Ausschöpfung aller rechtlichen Möglichkeiten.** Andere Insolvenzgerichte wollen komplett in Ruhe gelassen werden und beschränken sich auf die notwendigen Termine und Beschlüsse. Manche wollen eine Rundum-Information der Gläubiger, andere legen die Gläubigerautonomie so aus, dass sich die Gläubiger selber um Informationen im Verfahren kümmern müssen.

Letztlich ist es immer eine Abstimmung zwischen dem Insolvenzverwalter und dem zuständigen Rechtspfleger, die festlegt, wie dein Verfahren tatsächlich abgewickelt wird.

> Dein Insolvenzverwalter wird also vor allem
>
> - darauf achten, ob du deine Pflichten im Verfahren erfüllst,
>
> - dein pfändbares Vermögen verwerten,
>
> - die Forderungsanmeldungen deiner Gläubiger entgegennehmen und prüfen sowie
>
> - regelmäßig entsprechende Berichte an das Insolvenzgericht schreiben und Rechnung über die Verwertung legen.

Nach den gesetzlichen Vorgaben ist dein Insolvenzverwalter eine sog. „Partei kraft Amtes", d.h. er erhält **mit der Eröffnung des Insolvenzverfahrens und seiner Bestellung die Verwaltungs- und Verfügungsbefugnis über dein pfändbares Vermögen** (= alles, was der Zwangsvollstreckung unterliegt, dir also nicht zur Lebensführung verbleiben muss).

Alles, was dir zum Zeitpunkt der Insolvenzeröffnung gehört oder was du während des Insolvenzverfahrens erlangst, unterliegt damit seiner Verfügung und der Insolvenzverwalter bestimmt, was damit passiert.

Er ist verpflichtet, deine Vermögensgegenstände zu sichern, zu be- und möglichst gewinnbringend zu verwerten. Dafür darf er alle der Pfändung unterliegenden Vermögensgegenstände und dazugehörige Unterlagen in seinen Besitz nehmen.

⚠️ **Der Insolvenzverwalter ist nicht *dein* Rechtsanwalt, er handelt nicht für dich und nicht in deinem Interesse! Er darf dich** weder beraten noch muss er dich über alle Dinge im Insolvenzverfahren informieren!

Im Gegenteil: viele Handlungen des Insolvenzverwalters sind für dich zunächst „unsichtbar". Du erfährst nur durch seine Schreiben oder solche des Insolvenzgerichts Mitteilung über den Fortgang des Verfahrens, wenn du dich nicht regelmäßig selber aktiv um Informationen bemühst.

Nun kennst du <u>die wichtigsten Aufgaben des Insolvenzverwalters</u>:

**Prüfen,**

**Verwerten,**

**Bericht erstatten,**

**Rechnung legen und**

**Erfassen der Insolvenztabelle.**

In den folgenden Kapiteln erkläre ich dir nun für die einzelnen Verfahrensabschnitte, was der Insolvenzverwalter macht und wie er dabei vorgehen darf.

Danach beschreibe ich, welche Rechte du im Verfahren hast und wie du sie auch ausüben kannst.

Und dann zeige ich noch mit vielen Beispielen aus der Rechtsprechung, wo die Grenzen der Macht des Insolvenzverwalters liegen und welche Möglichkeiten es gibt, wenn es in deinem Verfahren nicht gut läuft.

## Die ersten Tage des eröffneten Verfahrens

Wenn das Insolvenzgericht dein Verfahren eröffnet hat, schickt es die Papier-Akte mit deinem Insolvenzantrag und allen Unterlagen an den ausgewählten Insolvenzverwalter, damit dieser direkt alle von dir erteilten Informationen erhält.

Sobald der Insolvenzverwalter dann von seinem Auftrag erfahren und die Akte erhalten hat, schreibt er auf jeden Fall folgende Personen / Stellen an:

- **dich**, um weitere Informationen zu erhalten;
- deine **Bank**, um zu prüfen, ob dort pfändbare Beträge vorhanden sind;
- deinen **Arbeitgeber**, um ihn über das Verfahren zu informieren und den pfändbaren Lohn für die Insolvenzmasse zu beanspruchen;
- deinen **Vermieter**, um ihn über das Verfahren zu informieren, die Kaution für die Insolvenzmasse zu sichern und auch zu verhindern, dass der Vermieter Ansprüche gegen die Insolvenzmasse aus dem laufenden Mietverhältnis geltend machen kann.

Du findest es vielleicht unangenehm, dass dein Arbeitgeber und dein Vermieter über das Insolvenzverfahren informiert werden. Dies ist aber nun einmal im Verfahren vorgesehen und es nützt auch nichts, den Insolvenzverwalter zu bitten, diese Personen nicht anzuschreiben.

Der Insolvenzverwalter muss dies tun, weil es gesetzlich vorgesehen ist und er eine eigene Haftung vermeiden muss.

Auch wenn du nur geringfügig beschäftigt bist (Minijob), wird dein Arbeitgeber über das Insolvenzverfahren informiert.

⚠️ Wenn du Bedenken hast, wie dein Arbeitgeber oder dein Vermieter auf die Post vom Insolvenzverwalter reagieren, sei einfach schneller! Sprich mit deinem Arbeitgeber / der zuständigen Personalstelle und deinem Vermieter über die bevorstehende Eröffnung des Insolvenzverfahrens. Dann sind sie vorgewarnt und wissen, dass auf dich Verlass ist.

Und keine Sorge: weder dein Arbeitgeber noch dein Vermieter dürfen dir wegen des Insolvenzverfahrens kündigen!

Für Arbeitgeber sind Schreiben von Gläubigern und Insolvenzverwaltern oft schon Routine und für Vermieter ist deine Ehrlichkeit entscheidend und sie heften die Post dann meist einfach weg.

Auch deine Bank hat jeden Tag mit Insolvenzverfahren zu tun und wird dein Konto im Normalfall schnell wieder freigeben, sobald du dem Treuhänder deine Kontoauszüge zur Prüfung geschickt hast.

**Für dich ist wichtig, von Anfang an schnell und richtig auf die Post vom Insolvenzverwalters zu reagieren** (vgl. Musterschreiben in Band 1 „Privatinsolvenz – So läuft`s).

Und natürlich ist wichtig zu wissen, wie du nach Eröffnung des Insolvenzverfahrens überhaupt an die Informationen über den Stand der Abwicklung durch den Insolvenzverwalters kommst.

Du erhältst nämlich im Verfahren nicht automatisch und regelmäßig alle Informationen von alleine. Du musst dich selber bemühen, umfassend informiert zu bleiben und zeitnah zu reagieren.

Das Gericht übersendet dir in der Regel nur ergangene Entscheidungen im Verfahren (Beschlüsse); der Insolvenzverwalter fordert dich oft nur auf, Auskünfte zu erteilen, ohne dir zu erläutern, wofür er diese benötigt oder was er als Nächstes vorhat.

Fast alles im Verfahren passiert also schriftlich, was auch gut ist, weil man so die erhaltenen Informationen immer „schwarz auf weiß" zur Hand hat und auch zu späteren Zeitpunkten darauf zurückgreifen kann, wenn man die einzelnen Zusammenhänge vielleicht längst vergessen hat.

Zu Beginn des Verfahrens schreibt der Insolvenzverwalter dich normalerweise an, um gewisse Grunddaten (die oft auch schon im Insolvenzantrag enthalten waren) nochmals abzufragen und zu vergleichen. Du musst dabei <u>alle Fragen</u> beantworten, <u>die deine Vermögensverhältnisse und deine Berufstätigkeit</u> betreffen, §97 InsO.

---

**§ 97**
**Auskunfts- und Mitwirkungspflichten des Schuldners**

(1) Der Schuldner ist verpflichtet, dem Insolvenzgericht, dem Insolvenzverwalter, dem Gläubigerausschuss und auf Anordnung des Gerichts der Gläubigerversammlung <u>über alle das Verfahren betreffenden Verhältnisse Auskunft</u> zu geben. Er hat auch Tatsachen zu offenbaren, die geeignet sind, eine Verfolgung wegen einer Straftat oder einer Ordnungswidrigkeit herbeizuführen. Jedoch darf eine Auskunft, die der Schuldner gemäß seiner Verpflichtung nach Satz 1 erteilt, in einem Strafverfahren oder in einem Verfahren nach dem Gesetz über Ordnungswidrigkeiten gegen den Schuldner oder einen in § 52 Abs. 1 der Strafprozessordnung bezeichneten Angehörigen des Schuldners nur mit Zustimmung des Schuldners verwendet werden.

(2) Der Schuldner hat den Verwalter bei der Erfüllung von dessen Aufgaben zu unterstützen.

(3) Der Schuldner ist verpflichtet, sich auf Anordnung des Gerichts jederzeit zur Verfügung zu stellen, um seine Auskunfts- und Mitwirkungspflichten zu erfüllen. Er hat alle Handlungen zu unterlassen, die der Erfüllung dieser Pflichten zuwiderlaufen.

In der Regel lässt er sich auch die Gläubiger-Unterlagen (Verträge, Rechnungen, Mahn- oder Vollstreckungsbescheide, Urteile, etc.) geben, um die Berechtigung der angemeldeten Forderungen (s.u. „Prüfungstermin") nachvollziehen zu können.

Bist du Eigentümer von Fahrzeugen, Grundstücken, Schiffen etc., erhält der Insolvenzverwalter hierüber automatisch von den betreffenden Behörden, die das entsprechende Register führen, Bescheid.

Außerdem schreibt der Insolvenzverwalter natürlich zu Beginn des Verfahrens alle angegebenen Gläubiger an, um sie über die Eröffnung des Insolvenzverfahrens zu informieren und sie aufzufordern, ihre Forderungen zur Insolvenztabelle anzumelden.

In den folgenden Wochen bis zum gerichtlich bestimmten Prüfungstermin sammelt der Insolvenzverwalter dann alle Informationen, erstellt die Insolvenztabelle und schreibt einen <u>Bericht</u> über

- seine bisherigen Erkenntnisse und deine Mitwirkung,
- die voraussichtlichen weiteren Schritte,
- Aussichten der Verwertung sowie
- die Beteiligung der Gläubiger.

Dieser Bericht und die Insolvenztabelle müssen vor dem im Eröffnungsbeschluss bestimmten ersten Prüfungstermin innerhalb beim Insolvenzgericht vorliegen.

Damit du den Überblick in deinem Verfahren behältst und deine Rechte im Verfahren überhaupt erkennen und ausüben kannst, besteht hier **<u>der erste Handlungsbedarf für dich</u>**:

**Fordere den Bericht und die Insolvenztabelle in Kopie an** (siehe Musterschreiben im Kapitel „Reaktions- und Handlungsmöglichkeiten") und prüfe sie gründlich. Hier erhältst du viele Informationen, gewinnst einen Eindruck, ob das Verfahren ordnungsgemäß läuft und kannst bei Fehlern kurzfristig reagieren.

## Der Prüfungstermin

Im Eröffnungsbeschluss wurde ein Termin bestimmt, an dem die Forderungen, die deine Gläubiger im Verfahren gegen dich geltend machen, geprüft und zusammengefasst werden.

Ein Anmeldeformular für deine Gläubiger sieht dabei ungefähr so aus:

| Forderungsanmeldung im Insolvenzverfahren ||||
|---|---|---|---|
| Anmeldungen sind stets nur an den Insolvenzverwalter (Treuhänder, Sachwalter zu senden, nicht an das Gericht. Bitte beachten Sie auch das Merkblatt zur Forderungsanmeldung. ||||
| Beate Ohnemoos | Eröffnung: 04.03.2015 || Prüfungstermin: 20.04.2015 |
| Insolvenzgericht: Wunderland | Aktenzeichen: 456 IK 123/15 || Anmeldung bis: 31.03.2015 |
| **Gläubiger:** Genaue Bezeichnung des Gläubigers mit Anschrift, bei Gesellschaften mit Angabe der gesetzlichen Vertreter. vertreten durch || **Gläubigervertreter:** Die Beauftragung eines Rechtsanwalts ist freigestellt. Die Vollmacht muss sich ausdrücklich auf Insolvenzverfahren beziehen. ||
| **Geschäftszeichen:** || **Geschäftszeichen:** ||
| **Bankverbindung:** || **Bankverbindung:** ||
| **Angemeldete Forderungen** Jede selbständige Forderung ist getrennt anzugeben. Reicht der Raum auf diesem Formular nicht aus, so sind die weiteren Forderungen als Anlage nach dem folgendem Schema aufzuschlüsseln. ||||
| Erste Hauptforderung im Rang des § 38 InsO (notfalls geschätzt) ||| EUR |
| **Zinsen**, höchstens bis zum Tag vor der Eröffnung des Verfahrens ||| EUR |
| **Kosten**, die vor der Eröffnung des Verfahrens entstanden sind ||| EUR |
| Summe ||| EUR |

| | |
|---|---|
| Zweite Hauptforderung im Rang des § 38 InsO (notfalls geschätzt) | EUR |

## Privatinsolvenz – Der Insolvenzverwalter und ich

| | |
|---|---|
| **Zinsen**, höchstens bis zum Tag vor der Eröffnung des Verfahrens | EUR |
| **Kosten**, die vor der Eröffnung des Verfahrens entstanden sind | EUR |
| **Summe** | **EUR** |

**Abgesonderte Befriedigung** unter gleichzeitiger Anmeldung für den Ausfall wird beansprucht.
☐ Ja, Begründung siehe Anlage.
☐ Nein.

**Forderung aus vorsätzlich begangener unerlaubter Handlung**
☐ Ja, die Tatsachen, aus denen sich ergibt, dass es sich nach der Einschätzung der angemeldeten Gläubigerin oder des angemeldeten Gläubigers um eine Forderung aus einer vorsätzlich begangenen unerlaubten Handlung der Schuldnerin oder des Schuldners handelt, sind in der Anlage genannt.
☐ Nein.

**Grund und nähere Erläuterung der Forderungen** (z.B. Warenlieferung, Miete, Darlehen, Reparaturleistung, Werkvertrag, Arbeitsentgelt, Wechsel, Schadensersatz, Beitragsforderungen,…)
☐
☐

**Als belegende Unterlagen, aus denen sich die Forderungen ergeben, sind beigefügt**
☐ Forderungskonto (aufgeschlüsselt nach Hauptforderungen, Zinsen, Kosten – Einzelbeträge und Summen)
☐ Auftragsbestätigung(en)
☐ Lieferschein(e)
☐ Rechnungsbeleg(e)
☐ Zinsberechnung und ggf. Nachweis
☐ Kostenbeleg(e)
☐ Titel: ...............................................................   Original   Kopie
☐ Beitragsnachweise/-bescheide
☐ Vollmacht
☐ Sonstige: ..........................................................................

Ort          Datum          Unterschrift          Stempel

Damit Ihre Anmeldung zügig und ohne Rückfragen bearbeitet und ggf. im ersten Prüfungstermin anerkannt werden kann, bitte ich zu beachten: Bitte reichen Sie diese Anmeldung mit allen belegenden <u>Unterlagen in zwei Ausfertigungen</u> ein. Ein Satz der Anmeldung (mit den Originalunterlagen) wird dem Gericht vorgelegt und ein Satz verbleibt in der Kanzlei. Soweit <u>Abgabenforderungen</u> <u>(z.B. des Finanzamtes, Krankenkassenbeiträge oder Beiträge zu Berufsgenossenschaften sowie Aus- und</u> <u>Absonderungsrechte</u> geltend gemacht werden, wird um ein <u>drittes Exemplar der Anmeldung</u> zur Weiterleitung an die zuständige Sachbearbeitung erbeten. Falls Ihre Forderung im Prüfungstermin vorläufig bestritten wurde, erhalten Sie zu gegebener Zeit unaufgefordert eine Mitteilung. Berichtigungen werden i.d.R. zum nächsten Prüfungstermin in die Tabelle eingetragen. Sehen Sie bitte von telefonischen oder schriftlichen Anfragen ab.

Erfahrungsgemäß beteiligt sich nur ein Teil deiner Gläubiger aktiv am Verfahren, so dass häufig weniger Forderungen angemeldet werden als tatsächlich bestehen.

Die übersandten Forderungsanmeldungen werden im Vorfeld dieses Termins dann von deinem Insolvenzverwalter

- erfasst (= gelesen und in eine Software übertragen),

- auf Vollständigkeit kontrolliert (=alle Angaben gemacht und Belege beigefügt?) und

- juristisch vorgeprüft (=Forderung anhand der Unterlagen nachvollziehbar, bereits gerichtlich festgestellt oder zumindest ausreichend belegt?).

Aus diesen Daten (angemeldete Forderungen und vorläufiges Prüfungsergebnis) wird die sog. Insolvenztabelle zusammengefasst. Diese wird in Dateiform elektronisch an das Insolvenzgericht übermittelt und dort in die entsprechende Software übernommen.

Der zuständige Rechtspfleger prüft im Vorfeld des Prüfungstermins auch noch einmal, ob die Forderungen plausibel und korrekt berechnet sind.

Es gibt zunächst drei vorgesehene Prüfungsergebnisse:

1. Die Forderung wird „festgestellt".
2. Die Forderung wird „vorläufig bestritten" (z.B. weil noch Belege fehlen oder bei Eröffnung des Insolvenzverfahrens noch ein Rechtsstreit über die Forderung lief), dann wird bis spätestens zur Erstellung des Schlussverzeichnisses anhand weiterer angeforderter Unterlagen geprüft, ob die

Forderung endgültig bestritten oder nachträglich festgestellt wird.

3. Die Forderung wird „bestritten", d.h. es entsteht kein vollstreckbarer Titel aus der Insolvenztabelle. Der Gläubiger muss dann, um die Feststellung doch noch durchzusetzen, separat Klage auf Feststellung der Forderung erheben, damit diese in das Schlussverzeichnis aufgenommen werden kann und an möglichen Verteilungen teilnimmt.

Werden Forderungen zur Insolvenztabelle festgestellt, so entsteht daraus ein eigenständiger Titel, aus dem die Gläubiger vollstrecken können, wenn dein Verfahren nicht durch Erteilung der Restschuldbefreiung endet.

Möchtest du die Titulierung von unberechtigten oder falsch berechneten Forderungen verhindern, geht dies nur durch Widerspruch vor oder im Prüfungstermin.

⚠️ Du kannst unberechtigten Forderungen oder der unberechtigten Bezeichnung als sog. unerlaubte Handlung **widersprechen** (siehe Musterschreiben im Kapitel „Reaktions- und Handlungsmöglichkeiten").

Um dazu überhaupt und rechtzeitig in der Lage zu sein, musst du natürlich die Forderungsanmeldungen erst einmal kennen! Deswegen nochmals der Hinweis: fordere den Bericht und die vorläufige Insolvenztabelle beim Insolvenzverwalter an!

Sind die Forderungen erst einmal in der Insolvenztabelle festgestellt, kannst du dagegen nicht mehr viel machen.

Sind die Forderungen ausreichend belegt (z.B. auch durch bereits vorliegende rechtskräftige Urteile oder Vollstreckungsbescheide), und hast du auch nicht widersprochen, werden sie im Prüfungstermin festgestellt.

Ein Ausdruck für einen einzelnen Gläubiger aus der Insolvenztabelle sieht dann ungefähr so aus:

| Amtsgericht Wunderland – Insolvenzgericht – | | |
|---|---|---|
| Auszug aus der Insolvenztabelle – Abt. I – | | |
| Geschäfts-Nr. | 456 IK 123/15 | |
| Schuldner/in | Beate Ohnemoos, geb. Unbesorgt, geb. 1976, Hauptstraße 1, 12345 Sorgenstadt | |
| Insolvenzverwalter/in | StBin A. Wissend, Postallee 3, 12345 Sorgenstadt Tel.: 01234-56789, Fax: 01234-5678910, E-Mail: info@kanzlei-wissend.de | |
| Gläubiger/in | Anna-Versand GmbH, Paketstraße 1-99, 56789 Oberburg | |
| Aktenzeichen d. Gläubiger/s | Rg. 08/15 | |
| Gläubigervertreter/in | Oberburg Inkasso, Fährtenweg 1, 56789 Oberburg | |
| Aktenzeichen d. Gläubigervertreter/s | S00720150000815 | |
| Tag der Anmeldung | 15.03.2015 | |
| Beanspruchter Rang | 0 | |
| Laufende Nummer | 2 | |
| angemeldeter Betrag in EUR | Grund der Forderung | Ergebnis der Prüfungsverhandlungen |
| 835,40 | Warenlieferung | in voller Höhe festgestellt |
| | | |
| Berichtigungen / Bemerkungen: --- | | |
| 05.03.2015 | | (Ganz-Korrekt, Rechtspfleger) |

Privatinsolvenz –Der Insolvenzverwalter und ich

## Hier ein Beispiel für eine zusammengefasste Insolvenztabelle:

Verbraucherinsolvenzverfahren Beate Ohnemoos, Hauptstraße 1, 12345 Sorgenstadt
Verfahrensbevollmächtigter: Rechtsanwalt Ingolf Hilfreich, Querstraße 2, 12345 Sorgenstadt
Amtsgericht – Insolvenzgericht – Wunderland, Aktenzeichen **456 IK 123/15**
Treuhänderin: StB Agatha Wissend, Postallee 3, 12345 Sorgenstadt

01.04.2015

| Lfd. Nr. | Gläubiger | Vertreter | Tag der Anmeldung | Angemeldete Forderung in EUR | Grund der Forderung | Ergebnis der Forderungs-Prüfung |
|---|---|---|---|---|---|---|
| 0/1 | Ziel-Bank AG Harry-Wijnford-Platz 1 98765 Lustighafen | - | 15.03.2015 | 9.837,95 | Konsumenten-Darlehen | in voller Höhe festgestellt |
| 0/2 | Anna-Versand GmbH Paketstraße 1-99 56789 Oberburg | Oberburg Inkasso Fährtenweg 1 56789 Oberburg | 15.03.2015 | 835,40 | Waren-Lieferung | in voller Höhe festgestellt |
| 0/3 | Superphone GmbH Lange Leitung 3 69875 Funkloch | - | 16.03.2015 | 1387,66 | Telekommuni-kations-Leistung | festgestellt in Höhe von 989,90 EUR; Rest vorl. bestritten |
| 0/4 | Saft-Kraft-Energie AG Tief im Westen 10 75689 Kernschmelz | Rechtsanwälte Mau Flaute 9 75689 Kernschmelz | 17.03.2015 | 451,39 | Energie-Lieferung (Strom+Gas) | in voller Höhe festgestellt |
| 0/5 | Sparkasse Sorgenstadt Schöne Aussicht 1 12345 Sorgenstadt | Soft Inkasso GmbH Blaue Meile 8 12345 Sorgenstadt | 17.03.2015 | 10.891,33 | Verbraucher-Kredit | in voller Höhe festgestellt für den Ausfall |
| 0/6 | Autohaus H. Blechle Rennstrecke 1 54321 Autostadt | Rechtsanwalt Laut Oberwasser 13 54321 Autostadt | 20.03.2015 | 1.464,72 | Werkvertrag Fzg.-Reparatur | in voller Höhe bestritten |
| 0/7 | Hans Grummel Villa Berg 1 12345 Sorgenstadt | - | 20.03.2015 | 370,50 | Nebenkosten-Nachzahlung 2012 | in voller Höhe festgestellt |
| | | | | 25.238,95 | | |

Du musst vor allem darauf achten, ob jemand von deinen Gläubigern eine sogenannte **„Forderung aus unerlaubter Handlung"** angemeldet hat.

Diese Forderungen aus unerlaubter Handlung werden nämlich **nicht von einer Restschuldbefreiung umfasst**, d.h. diese Schulden bestehen trotz Insolvenz weiter!

Eine Forderung aus unerlaubter Handlung kann z.B. entstanden sein, wenn du

- Kindesunterhalt nicht gezahlt hast, obwohl du über eigenes Einkommen verfügt hast
- einem anderen eine Körperverletzung zugefügt hast
- einen sogenannten Eingehungsbetrug begangen hast, indem du z.B. auf Rechnung eingekauft hast obwohl du wusstest, dass du nicht zahlen kannst.

Falls ein Gläubiger in deinem Verfahren eine solche Forderung aus unerlaubter Handlung geltend macht, wirst du vom Insolvenzgericht darüber informiert und kannst dazu Stellung nehmen oder sogar widersprechen.

Ob dies sinnvoll ist und welche Folgen die unerlaubte Handlung für dich hat, hängt jeweils vom Einzelfall ab. Hierzu musst du dich im Zweifel fachkundig beraten / vertreten lassen!

In speziellen Fällen kann dir sogar ein Anwalt zur Hilfe beigeordnet werden, all dies lässt sich aber nur klären, wenn du dich darum kümmerst.

Hast du einer Forderung widersprochen hängt der weitere Verlauf davon ab, ob die Forderung vor Eröffnung deines Insolvenzverfahrens bereits tituliert war oder nicht:

War sie nicht tituliert, muss der Gläubiger noch nachweisen, dass die Forderung tatsächlich besteht. Er kann dann deinen Widerspruch beseitigen, indem er eine Feststellungsklage erhebt und gewinnt.

War die Forderung bereits tituliert (durch Urteil, Vollstreckungsbescheid bzw. rechtskräftige Festsetzung durch einen öffentlichen Gläubiger), kannst du deinen Widerspruch nur durchsetzen, indem du selber Klage erhebst.

Ansonsten gilt dein Widerspruch als zurückgenommen.

## Die einzelnen Verwertungsschritte

Nach dem Prüfungstermin beginnt die „heiße Phase" der Verwertung deiner noch vorhandenen Vermögenswerte.

Der Insolvenzverwalter kontrolliert zunächst alle Unterlagen, die er vom Gericht oder dir bekommen hat, fordert von dritter Seite (z.B. deinen Versicherungsgesellschaften etc.) noch weitere Unterlagen an und prüft dabei, ob und wie noch Gelder für die Insolvenzmasse zu erzielen sind.

Hast du ein Auto, Schiff, Motorrad, o.ä. erhält der Insolvenzverwalter hierüber auch durch die entsprechenden Behörden Mitteilung.

Dann prüft er,

- welche Verträge er kündigen kann, um Rückkaufswerte oder Beitragsguthaben einzufordern,
- welche deiner Gegenstände pfändbar und somit verwertbar sind,
- ob du über pfändbares Arbeitseinkommen verfügst,
- ob du Unterhaltspflichten hast, die er berücksichtigen muss,
- wann du das letzte Mal eine Einkommensteuer-Erklärung abgegeben hast und
- ob du noch Forderungen gegen andere hast, die noch durchgesetzt werden können.

Grundsätzlich bist du verpflichtet, über all diese Dinge **vollständig und richtig Auskunft** zu erteilen und die zugrunde liegenden Unterlagen an den Insolvenzverwalter auszuhändigen.

Es kann auch sein, dass der Insolvenzverwalter einen Termin bei dir vor Ort vereinbart und dort deinen Besitz in Augenschein nimmt.

Im Insolvenzverfahren wird davon ausgegangen, dass du alles in deiner Macht stehende tust, um zumindest eine teilweise Begleichung deiner Schulden zu ermöglichen.

Pfändbare Gegenstände darf der Insolvenzverwalter deshalb in Besitz nehmen und verwerten; Forderungen darf er in deinem Namen geltend machen und zur Insolvenzmasse ziehen.

Du bist für all diese Dinge im eröffneten Insolvenzverfahren nicht mehr verfügungsberechtigt! <u>Enthältst du dem Insolvenzverwalter also Informationen oder Gegenstände vor, gefährdest du die Erteilung der Restschuldbefreiung.</u>

Bist du unsicher über bestimmte Anforderungen oder Handlungen des Insolvenzverwalters, verweigere nicht einfach die Antwort, sondern nutze die Möglichkeit, beim Insolvenzgericht oder dem Insolvenzverwalter selber nachzufragen. Das kannst du per Telefon, Post oder E-Mail machen.

**Bist du aber der Meinung, dass der Insolvenzverwalter seine Befugnisse überschreitet oder dir Dinge wegnimmt, auf die du dringend angewiesen bist, kannst du dich dagegen durch Anträge beim Insolvenzgericht wehren!**

Du findest viele Muster-Anträge und –Schreiben hierfür hinten im Kapitel „Aktions- und Handlungsmöglichkeiten".


Jetzt stelle ich dir aber erst einmal dar, wie die Verwertung normalerweise abläuft:

## Einkommen

Jeder Mensch verfügt normalerweise über irgendein Einkommen, sei es Arbeitseinkommen, Renteneinkommen, Unterhaltszahlungen, Leistungen zur Sicherung des Lebensunterhalts, regelmäßige Versicherungsleistungen o.ä.

Bis zu einer bestimmen Höhe, deiner sog. „Pfändungsfreigrenze" und je nach Art des Einkommens sind diese Einnahmen nicht pfändbar und können daher auch vom Insolvenzverwalter nicht beansprucht werden.

Die Höhe dieser Pfändungsfreigrenze hängt auch von der Zahl deiner Unterhaltspflichten (= Menschen, denen du gesetzlich zum Unterhalt verpflichtet bist) ab.

Manchmal ist nicht ohne Weiteres klar, in welcher Höhe dein Einkommen pfändungsfrei ist, dann kann dies über das Insolvenzgericht geklärt werden.

Werden z.B. deiner Meinung nach nicht alle Unterhaltspflichten berücksichtigt, kannst du einen entsprechenden Antrag auf Berücksichtigung beim Insolvenzgericht stellen.

Es kann aber auch Situationen geben, in denen dein pfändungsfreies Einkommen nicht ausreicht, um deine Existenzgrundlage abzusichern, während ein Teil deines Einkommens an den Insolvenzverwalter abgeführt wird.

Dann hast du unter bestimmten Voraussetzungen die Möglichkeit, eine erhöhte Pfändungsfreigrenze geltend zu machen, damit dir mehr von deinem Einkommen verbleibt.

⚠️ **Grundsätzlich birgt die richtige Berechnung und Abführung der pfändbaren Einkommensanteile für dich ein gewisses Gefahrenpotential:** es ist dein Verantwortungsbereich, dass das pfändbare Einkommen korrekt an den Insolvenzverwalter abgeführt wird, um nicht die Versagung der Restschuldbefreiung zu riskieren.

Es ist in diesem Zusammenhang wichtig, den Insolvenzverwalter immer über Änderungen deiner Einkommensverhältnisse oder Unterhaltspflichten sofort zu informieren und entsprechende Unterlagen (Lohnabrechnungen, Bescheide, etc.) in Kopie zu übersenden.

Stehst du in einem Arbeitsverhältnis, schreibt der Insolvenzverwalter deinen Arbeitgeber an, informiert ihn über das Insolvenzverfahren und fordert die pfändbaren Anteile direkt auf das Konto der Insolvenzmasse an.

## Geldvermögen

Bargeld-Reserven oder Spar-Vermögen, über das du noch verfügst, können vom Insolvenzverwalter eingefordert werden. Es gibt diesbezüglich kein „Schonvermögen", wie es viele z.B. seitens des Jobcenters oder Sozialamts kennen.

Das gilt grundsätzlich auch für Rücklagen, die du im eröffneten Verfahren bildest oder z.B. Schenkungen durch Familie oder Freunde! Für sämtliches „freies" Geld, das du nicht zur Sicherung seines Lebensunterhalts unabdingbar benötigst, hat der Gesetzgeber nämlich die Einziehung durch den Insolvenzverwalter und Verteilung an deine Gläubiger vorgesehen.

## bewegliche Sachen

Alle deine Gegenstände, die nicht zu den „notwendigen Dingen der bescheidenen Haushaltsführung" gehören, sind grundsätzlich pfändbar und können verwertet werden.

Der Insolvenzverwalter darf und wird dir die Sachen jedoch nur wegnehmen, wenn er damit wirklich einen nennenswerten Erlös für die Insolvenzmasse erzielen kann. Er kann die Gegenstände dann entweder verkaufen oder versteigern lassen.

### Folgende Dinge bleiben auf jeden Fall bei dir:

- deine Kleidung, Bettwäsche etc.,
- übliche Haushaltsgeräte (Kühlschrank, Herd, Waschmaschine etc.),
- Standardmöbel (Bett, Schrank, Tisch, Stühle, Sofa, Kommoden, etc.),
- Bücher, die schulischen oder religiösen Zwecken dienen, und persönliche Aufzeichnungen,
- einfache Mediengeräte (Fernseher, Radio, einfacher Computer, DVD-Player, etc.),
- Trauringe, persönliche Ehrzeichen (Orden o.ä.),
- Kraftfahrzeug bis zu einem bestimmten Wert, auf das du berechtigt angewiesen bist (zur Ausübung der Berufstätigkeit, aus Krankheitsgründen o.ä.)

### Dagegen kann der Insolvenzverwalter z.B. folgende Dinge verwerten:

- hochwertige Elektronik, Sportgeräte etc.,
- Mediengeräte, wenn im Haushalt mehrere vorhanden sind,
- Musikinstrumente (es sei denn, du bist Berufsmusiker)
- Schmuck, Pelzmäntel, Ölgemälde und Antiquitäten,
- Sammlungen (Briefmarken, Münzen, DVDs, CDs, Puppen, etc.)

Auch hier kannst du im Zweifel über das Insolvenzgericht klären lassen, ob der Insolvenzverwalter einzelne Gegenstände tatsächlich in Besitz nehmen und verwerten darf.

Auch für eigentlich unpfändbare Gegenstände kann es Ausnahmen geben, wenn diese einen hohen Marktwert haben. Dann kann eine sog. „Austauschpfändung" durchgeführt werden, d.h. der Insolvenzverwalter verwertet den Gegenstand und stellt dir stattdessen einen ähnlichen aber deutlich weniger wertvollen Gegenstand zur Verfügung.

Dies passiert häufig z.B. bei neuen Smartphones, Notebooks etc.

Wenn du ein Auto besitzt, macht es Sinn, dem Insolvenzverwalter ein Wertgutachten (erhältlich z.B. bei TÜV und DEKRA) vorzulegen und zu beweisen, warum du auf das Fahrzeug dringend angewiesen bist. Wenn es dir zumutbar ist, für die notwendigen Strecken öffentliche Verkehrsmittel zu benutzen, kann auch ein Auto vom Treuhänder verwertet werden. Dies ist in jedem Einzelfall anders einzuschätzen und muss im Zweifel über das Insolvenzgericht geklärt werden.

Alle Verwertungshandlungen des Insolvenzverwalters sind aber grundsätzlich nur zulässig, wenn der Erlös hieraus die Kosten übersteigt. Wenn für die Insolvenzmasse kein Gewinn zu erzielen ist, kann dir der Verlust des Gegenstandes nicht zugemutet werden.

<u>Keinen Sinn macht es übrigens, einfach zu behaupten, dass ein Gegenstand dir nicht gehört und du ihn z.B. nur für einen Freund aufbewahrst:</u> der Insolvenzverwalter darf zunächst einmal vom „Anschein" ausgehen, d.h. dass die Gegenstände in deinem Besitz dir auch gehören.

Tun sie dies tatsächlich nicht, musst du das belegen können bzw. der eigentliche Eigentümer muss im Verfahren seine Rechte (Aus-/Absonderungsrechte) geltend machen.

## Immobilien

Auch dein unbewegliches Vermögen, sei es eine (vermietete oder selbst bewohnte) Wohnung/Haus oder Grundvermögen als Teil einer Erbengemeinschaft, gehört zur Insolvenzmasse und kann verwertet werden.

Der Insolvenzverwalter kann die Immobilie (ggf. in Absprache mit einem Grundbuchgläubiger, der eine Hypothek oder Grundschuld für die Immobilie besitzt) entweder verkaufen oder durch Zwangsverwaltung und Zwangsversteigerung verwerten.

Das Thema „Immobilien in der Insolvenz" hat viele Tücken und Besonderheiten, die hier nicht dargestellt werden können.

⚠️ **Besitzt du eine Immobilie und möchtest dort z.B. trotz Insolvenz auch wohnen bleiben, musst du dich – möglichst schon vor der Eröffnung deines Insolvenzverfahrens – weiter informieren und am besten auch fachlich beraten und vertreten lassen.**

Wohnst du selber auch während des Insolvenzverfahrens in deiner Immobilie, wird der Insolvenzverwalter dich zur Zahlung einer sog. „Nutzungsentschädigung" auffordern mit dem Hinweis, dass ansonsten auch Miete zahlen müsstest. Dies ist ein umstrittenes Thema (vgl. Band 10).

Das Amtsgericht Göttingen hat am 22.01.2015 in einem Beschluss unter Aktenzeichen 74 IK 67/10 in diesem Zusammenhang entschieden, dass jedenfalls kein Versagungsgrund gem. §290 InsO gegeben ist, wenn du diese Nutzungsentschädigung nicht zahlst!

## Forderungen

Der Insolvenzverwalter prüft auch, ob du neben deinen Schulden auch selber noch Forderungen gegen andere hast. Das können z.B. sein:

- Rückforderung von privaten Darlehen an Freunde / Verwandte

- Rückforderung der Mietkaution nach Beendigung eines Mietverhältnisses

- Forderungen (Prämien, Beiträge, Leistungen) aus Versicherungsverträgen,

- Steuer-Erstattungsansprüche,

- oder aber, was vielen nicht so bewusst ist: Forderungen auf Rückerstattung von dir geleisteter Zahlungen/Übertragungen im Wege der **insolvenzrechtlichen Anfechtung**, §§129ff. InsO

Gerade durch die Anfechtung können Vermögensverschiebungen aus dem Vorfeld der Insolvenz (bis zu max. 10 Jahre je nach Sachverhalt!) rückgängig gemacht werden.

⚠️ Da inzwischen die Anfechtung auch in Verbraucherinsolvenzverfahren gesetzlich vorgesehen ist, liegt hierauf ein besonderer Prüfungsschwerpunkt deines Insolvenzverwalters, da er hier meist gute Aussichten auf Geldeingänge hat.

Der Insolvenzverwalter sichtet dabei alle Unterlagen auf **Anhaltspunkte über Zahlungen, Schenkungen, Vermögensübertragungen an Dritte zu einem Zeitpunkt, als du bereits in Zahlungsschwierigkeiten warst oder solche absehbar waren.**

Gerade bei engen Verwandten wird dabei davon ausgegangen, dass diese von deinen Zahlungsschwierigkeiten wussten. Hast du z.B. noch Schulden bei ihnen vorrangig beglichen oder ihnen Gegenstände aus deinem Vermögen verkauft / verschenkt, wird der Insolvenzverwalter diese Werte für die Insolvenzmasse zurückfordern.

⚠️ <u>Auch in diesem Fall ist eine weitere fachkundige Beratung / Vertretung besonders wichtig!</u>

## Rechte / Lizenzen / Geschäftsanteile

Außerdem prüft der Insolvenzverwalter auch, ob du – neben den greif- und erkennbaren – vielleicht auch noch andere Vermögenswerte hast wie z.B.

- Marken-/Urheberrechte, z.B. weil du Texte geschrieben und veröffentlich hast und hierfür noch Tantiemen anfallen,

- Lizenzen, Software, Patente oder Konzessionen

- Gesellschaftsanteile (z.B. auch aus einer sogenannten Gesellschaft bürgerlichen Rechts, GbR, wenn du einmal mit einem Partner selbständig tätig warst) oder Aktien.

Auch solche Vermögenswerte sind in der Regel pfändbar und können daher vom Insolvenzverwalter verwertet werden.

⚠️ <u>Teilt der Insolvenzverwalter dir schriftlich mit, dass er einen Gegenstand aus der Insolvenzmasse freigibt, kannst du wieder frei darüber verfügen!</u>

**Die Pfänd- und Verwertbarkeit bestimmter Vermögensgegenstände im Insolvenzverfahren habe ich unten ("Rechtsprechung nach Stichworten") für viele Einzelfälle dargestellt.**

⚠️ <u>Was du wiederum als Teil der „Psychologie" im Insolvenzverfahren wissen musst</u>: die Vergütung des Insolvenzverwalters für seine Tätigkeit ist grundsätzlich umso höher, je mehr Einnahmen er erzielt. Ob er Einnahmen erzielt, hängt wiederum wesentlich davon ab, ob er in deinem Verfahren pfändbares Vermögen ermittelt und erfolgreich verwertet.

Er hat also durchaus – neben den Anforderungen des Insolvenzgerichts an die Sorgfältigkeit seiner Arbeit – auch ein eigenes Interesse daran, deine aktuellen und vorherigen wirtschaftlichen Verhältnisse gründlich zu durchleuchten und alle Hebel in Bewegung zu setzen, um noch Gelder für die Insolvenzmasse flüssig zu machen!

## Der Schlusstermin

Wenn der Treuhänder alle Möglichkeiten der Verwertung geprüft und erledigt hat, erstellt er einen abschließenden Bericht (**Schlussbericht**) und rechnet alle Einnahmen und Ausgaben in deinem Verfahren ab (**Schlussrechnung**).

Zugleich stellt er alle Forderungen, die deine Gläubiger im Verfahren angemeldet haben und die nicht streitig geblieben sind in einer endgültigen Tabelle (**Schlussverzeichnis**) zusammen.

Diese drei Unterlagen werden zusammengefasst „Schlussunterlagen" genannt und auch hier empfehle ich dir wieder, diese beim Insolvenzverwalter anzufordern, um über seine Handlungen und möglicherweise drohende Probleme informiert zu sein! Ein Musterschreiben hierzu findest du wieder hinten „"Aktions-- und Handlungsmöglichkeiten").

# Beispiel für einen Schlussbericht vom Treuhänder

StB A. Wissend, Postallee 3, 12345 Sorgenstadt  
Tel.: 01234-56789  
Fax: 01234-5678910  
E-Mail: info@kanzlei-wissend.de

An das Amtsgericht  
- Insolvenzgericht –  
Wunderland

**Aktenzeichen: 456 IK 123/15**

## Schlussbericht

in dem Insolvenzverfahren über das Vermögen der Frau Beate Ohnemoos  
geboren am 16.09.1976  
Neustraße 3   12345 Sorgenstadt

### I. Allgemeines

Die Schuldnerin beantragte vor dem Amtsgericht Wunderland die Eröffnung des Insolvenzverfahrens, außerdem wurde die Restschuldbefreiung sowie die Stundung der Verfahrenskosten beantragt sowie die pfändbaren Einkünfte gem. §287 Abs. 2 InsO abgetreten.

Das Gericht eröffnete das Verfahren auf die vorgenannten Anträge hin am 04.03.2015 und bewilligte die Stundung der Verfahrenskosten.

Die Unterzeichnerin wurde zugleich zur Treuhänderin bestellt.

### II. Rechtliche Verhältnisse

| | |
|---|---|
| Name | Beate Margarethe Ohnemoos, geb. Unbesorgt, gesch. Müller |
| Wohnsitz | Neustraße 3   12345 Sorgenstadt zuvor: Hauptstraße 1   12345 Sorgenstadt |
| Familienstand | geschieden, 2 Unterhaltspflichten: Silvie Ohnemoos, geb. 25.08.2006 Ole Ohnemoos, geb. 03.11.2008 |
| Geburtsdatum | 16.09.1976 |
| Beruf | Bürokauffrau, tätig als Logistik-Mitarbeiterin |
| Finanzamt | Sorgenstadt Steuernummer: 12/345/6789 |

## III. Verwertung der Aktivmasse
**Aktiva**

| | |
|---|---|
| Verwertung | 2.500,00 EUR |
| pfändbares Einkommen | 1.870,00 EUR |
| Einkommensteuer-Erstattungen 2012 und 2013 | 483,00 EUR |
| **Summe der Einnahmen** | **4.853,00 EUR** |
| | |
| **Teilungsmasse** | **4.853,00 EUR** |

**Passiva**

| | |
|---|---|
| Kontoführungsgebühren | 5,00 EUR |
| **Summe der Ausgaben** | **5,00 EUR** |

Noch zu begleichen sind die Kosten des Insolvenzverfahrens, die als Rückstellungen gebucht sind:

| | | |
|---|---|---|
| a) | Gerichtskosten (geschätzt) | 300,00 EUR |
| b) | Treuhändervergütung nebst Auslagen | 1.230,74 EUR |
| **Summe der Rückstellungen** | | **1.530,74 EUR** |

## IV. Zusammenfassung

| | |
|---|---|
| Summe der Einnahme | 4.853,00 EUR |
| ./. Summe der Ausgaben | 5,00 EUR |
| **Saldo** | **4.848,00 EUR** |

Das Anderkonto Nr. 987654321 bei der Treugutbank West; BLZ 987 654 000, weist ein Guthaben in Höhe von 4.848,00 EUR aus, das nach Ausgleich der Verfahrenskosten zur Verteilung an die Gläubiger gelangen soll.

Die Schuldnerin ist als Disponentin in einem Logistik-Unternehmen tätig. Es fallen unregelmäßig pfändbare Einkommensanteile an, die vom Arbeitgeber auf das Anderkonto abgeführt werden.

Das Verwertungsguthaben setzt sich wie folgt zusammen:

| | |
|---|---|
| 1. Sparguthaben (Supersparlose) | 500,00 EUR |
| 2. Verkauf der vorgefundenen Briefmarkensammlung | 1.000,00 EUR |
| 3. Verwertung der Lebensversicherung LV XY | 1.000,00 EUR |
| | 2.500,00 EUR |

Daneben wurden die Steuerguthaben für die Jahre 2012 und 2013 gem. beigefügten Bescheiden vereinnahmt.

Weitere verwertbare Vermögensgegenstände wurden nicht vorgefunden; die Verwertung ist damit abgeschlossen

Insgesamt wurden Forderungen in Höhe von 19.885,14 EUR zur Insolvenztabelle festgestellt.

Weitere Forderungsanmeldungen liegen nicht vor; die Forderungsprüfung ist daher ebenfalls beendet.

Die bei Verfahrensaufhebung vorhandene Masse ist hinreichend, um die Verfahrenskosten für das eröffnete Verfahren vollständig zu decken. Der Schuldnerin wurde im Übrigen die Verfahrenskostenstundung gewährt.

Nach Durchführung des Schlusstermins kann eine Quotenzahlung für die Insolvenzgläubiger (> 15 %) erfolgen.

**V. Abschluss**
Es wird angeregt, den Schlusstermin kurzfristig zu bestimmen und die Verfahrens-Aufhebung zu veranlassen.

Sorgenstadt, 10.06.2015

Rechtsanwältin A. Wissend als Treuhänderin

Im Schlusstermin prüft das Insolvenzgericht dann auf Basis dieser Unterlagen, ob

- der Insolvenzverwalter das Verfahren ordnungsgemäß abgewickelt hat und
- das Verfahren abgeschlossen und in die Wohlverhaltensphase übergeleitet werden kann.

Dabei erfolgt auch die 1. Anhörung der Gläubiger über die beantragte Restschuldbefreiung (die 2. erfolgt bei Ablauf der 6-jährigen Verfahrenszeit). Zugleich stellt der Schlusstermin eine wichtige Möglichkeit für dich zur aktiven Mitgestaltung deines Verfahrens dar:

⚠️ <u>Hast du berechtigte Einwendungen gegen das Vorgehen des Insolvenzverwalters oder willst dich gegen Versagungsanträge deiner Gläubiger wehren, musst du dies dem Insolvenzgericht bis spätestens zum Schlusstermin mitteilen und begründen!</u> Spätere Einwendungen und Argumente sind in aller Regel aussichtslos!

## Nachtragsverteilung?

Grundsätzlich gilt die Regel, dass der Schlusstermin und die Aufhebung des Verfahrens erst dann stattfindet, wenn die Verwertung deiner Vermögensgegenstände vollständig abgeschlossen ist.

Für den Insolvenzverwalter besteht aber die Möglichkeit, die Verwertung einzelner Vermögensgegenstände auch noch für die Zeit nach Aufhebung des Verfahrens zu sichern, wenn die Verwertung aus rechtlichen oder tatsächlichen Gründen erst später möglich ist. Das Instrument hierzu heißt **„Nachtragsverteilung"** und ist in §203 InsO geregelt.

In der Praxis kommt dies in Verbraucherinsolvenzverfahren z.B. häufig vor bei Ansprüchen auf **Einkommensteuer-Rückerstattung**. Wird das Insolvenzverfahren z.B. im Herbst 2015 abgeschlossen, können bis zu diesem Zeitpunkt Erstattungsansprüche entstanden sein. Die Steuer-Erklärung und der Erstattungsbescheid liegen dann aber regulär erst in 2016 vor. Der Insolvenzverwalter beantragt deswegen beim Insolvenzgericht die weitere Beschlagnahme hinsichtlich des möglichen Erstattungsanspruchs und das Gericht ordnet die Nachtragsverteilung an.

Hierdurch wird für den Insolvenzverwalter die Möglichkeit geschaffen, einzelne Vermögenswerte zur Insolvenzmasse zu ziehen, auch wenn er nicht mehr das volle Verfügungsrecht hat.

Weitere häufig vorkommende Praxis-Beispiele sind gekündigte **Genossenschaftsanteile** bei deiner Bank, die erst im Folgejahr inklusive noch bis dahin angefallener Dividende zur Ausschüttung kommen, oder auch später fällig werdende Versicherungsleistungen.

Die Nachtragsverteilung kann auch noch lange Zeit nach dem Schlusstermin – für dich dann vielleicht sehr überraschend – auf Antrag des Insolvenzverwalters angeordnet werden.

Das Gesetz sieht aber vor, dass von der Anordnung der Nachtragsverteilung abgesehen werden kann und du den Vermögenswert behalten darfst, wenn dies *„mit Rücksicht auf die Geringfügigkeit des Betrags oder den geringen Wert des Gegenstands und die Kosten der Nachtragsverteilung angemessen erscheint".*

Dies ist eine recht weite Formulierung, die dem Insolvenzverwalter viel Spielraum gibt, dir aber immerhin auch die Möglichkeit lässt, die gegen die Nachtragsverteilung zu wehren.

Gegen die Anordnung der Nachtragsverteilung steht dir – wie bei vielen Beschlüssen des Insolvenzgerichts – das **Rechtsmittel der sofortigen Beschwerde** (binnen zwei Wochen nach Zugang des Beschlusses) zu.

## Aufhebung des Insolvenzverfahrens

Nach dem Schlusstermin werden Verfahren ohne Einnahmen aufgehoben und in das Restschuldbefreiungsverfahren (**Wohlverhaltensphase**) übergeleitet.

Wurden im Verfahren Einnahmen erzielt, die die Verfahrenskosten übersteigen, muss der Insolvenzverwalter diese nun im Rahmen der Schlussverteilung an die Gläubiger zur Auszahlung bringen.

Ist die Verteilung nachgewiesen, findet dann die Aufhebung des Insolvenzverfahrens und Überleitung in das **Restschuldbefreiungsverfahren** statt.

Hier gibt es oft Unsicherheiten und Missverständnisse: sehr oft riefen mich Insolvenzschuldner an, wenn sie den Aufhebungsbeschluss erhalten hatten und waren aufgeregt, weil sie dachten, ihr Verfahren wäre einfach beendet worden.

Diese „Aufhebung des Verfahrens" ist aber nur ein formeller prozessualer Schritt und es liegt am Amtsdeutsch, dass viele Beteiligte nicht verstehen, was er bedeutet:

Die Aufhebung des Verfahrens stellt den Übergang von der Verwertungs- in die Restschuldbefreiungsphase dar.

Das heißt du bekommst das Verfügungsrecht über dein Vermögen zurück und musst nicht mehr umfassend mitwirken, sondern nur noch die Katalog-Pflichten gem. §295 InsO erfüllen.

Die Rechte des Treuhänders werden beschränkt vom umfassenden Verfügungsrecht im eröffneten Verfahren auf die gesetzlichen Aufgaben Einnahme und Verteilung des pfändbaren Arbeitseinkommens (und evtl. Erbteils).

## Beschluss über die <u>Aufhebung des Verfahrens</u>:

- Ausfertigung/Abschrift -

**Amtsgericht Wunderland
Insolvenzgericht
Geschäfts-Nr.: 456 IK 123/ 13
(bitte stets angeben)**

### Beschluss

In dem Verbraucherinsolvenzverfahren
über das Vermögen der
Beate Ohnemoos geb. Unbesorgt, Neustraße 3, 12345 Sorgenstadt

Verfahrensbevollmächtiger:
Rechtsanwalt I. Hilfreich, Querstraße 2, 12345 Sorgenstadt

wird das Verfahren nach Abhaltung des Schlusstermins und nach Rechtskraft des Beschlusses vom 10.07.2014 (Ankündigung der Restschuldbefreiung) gem. §200 Abs. 1, 289 Abs. 2 InsO aufgehoben.

[nachdem die Schlussverteilung vollzogen ist.
Der Treuhänder hat die Verteilung der Masse an die Insolvenzgläubiger im Rahmen der Schlussverteilung vollzogen und nachgewiesen. Die Belege zum Nachweis der erfolgten Verteilung liegen auf der Geschäftsstelle des Insolvenzgerichts für einen Zeitraum von zwei Wochen zur Einsicht der Beteiligten aus. ]

Mit dieser Aufhebung beginnt das Restschuldbefreiungsverfahren.

Zur Treuhänderin für das Restschuldbefreiungsverfahren wurde die bisherige Treuhänderin
- Steuerberaterin A. Wissend, Postallee 3, 12345 Sorgenstadt, Tel.: 01234-56789, Fax: 01234-5678910, E-Mail: info@kanzlei-wissend.de
bestellt.

Ganz-Korrekt
Rechtspfleger

ausgefertigt
Wunderland, den 10.08.2014

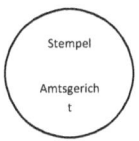

Kunze, Justizangestellter
als Urkundsbeamter der Geschäftsstelle

## Wohlverhaltensphase

Ab jetzt befindest du dich also im Restschuldbefreiungsverfahren und musst nur noch diese Wohlverhaltensphase überstehen, um die Restschuldbefreiung endgültig zu erhalten. Diese Phase dauert max. 6 Jahre ab dem Tag der Eröffnung deines Verfahrens gerechnet.

**Beispiel für einen Beschluss über die Ankündigung der Restschuldbefreiung:**

---

Amtsgericht Wunderland
Insolvenzgericht
Geschäfts-Nr.: 456 IK 123/ 13

**Beschluss**

In dem Verbraucherinsolvenzverfahren
über das Vermögen der
Beate Ohnemoos geb. Unbesorgt, Hauptstraße 1, 12345 Sorgenstadt

Verfahrensbevollmächtiger:
Rechtsanwalt I. Hilfreich, Querstraße 2, 12345 Sorgenstadt

wird die Schuldnerin zum Verfahren der Restschuldbefreiung zugelassen und gleichzeitig festgestellt, dass die Schuldnerin Restschuldbefreiung erlangt, wenn sie während der Laufzeit der Abtretungserklärung (Wohlverhaltensperiode) die Obliegenheiten gem. §295 InsO erfüllt und die Restschuldbefreiung nicht zuvor nach §§296 InsO versagt wird.
Zum Treuhänder wird bestellt:
Steuerberaterin A. Wissend, Postallee 3, 12345 Sorgenstadt, Tel.: 01234-56789, Fax: 01234-5678910, E-Mail: info@kanzlei-wissend.de

Die Wohlverhaltensperiode beträgt sechs Jahre, beginnend mit der Verfahrenseröffnung am 04.03.2015.
Die pfändbaren Forderungen der Schuldnerin auf Bezüge aus einem Dienstverhältnis oder an deren Stelle tretende laufende Bezüge gehen nach Maßgabe der Abtretungserklärung gem. §287 InsO auf den Treuhänder über.
Die Treuhänderin hat den zur Zahlung der Bezüge Verpflichteten über die Abtretung zu unterrichten und die Beträge nach Maßgabe der §292 InsO zu verteilen.

Gründe:
Über das Vermögen der Schuldnerin wurde das Verbraucherinsolvenzverfahren eröffnet. Die Schuldnerin beantragte zugleich unter Abtretung ihrer künftigen Bezüge aus einem Dienstverhältnis oder gleichgestellter Bezüge die Erteilung der Restschuldbefreiung nach §287 InsO. Der Antrag der Schuldnerin ist zulässig.
Anträge auf Versagung der Restschuldbefreiung wurden nicht gestellt.
Der Schuldnerin ist daher die Restschuldbefreiung durch Beschluss nach §289 und §291 InsO zu eröffnen.

Ganz-Genau
Rechtspfleger

Wunderland, den 10.07.2015
Kunze, Justizangestellter

Dieser **Übergang in die Wohlverhaltensphase** ist für dich in mehreren Punkten wichtig:

1. Der Insolvenzverwalter hat nun nicht mehr das volle Verfügungsrecht über dein pfändbares Vermögen, d.h. du kannst z.B. neue Verträge abschließen, Geld sparen oder Geldgeschenke annehmen etc. **Die Änderung seiner Befugnisse erkennt man auch daran, dass er jetzt nicht mehr Insolvenzverwalter, sondern Treuhänder heißt.**
Dein pfändbares Einkommen kann er z.B. jetzt nur noch einziehen aufgrund der Abtretungserklärung gem. §287 InsO, die du als Formular zusammen mit dem Insolvenzantrag eingereicht hattest.

2. Soweit deine Gläubiger bislang keinen Versagungsantrag gegen dich gestellt haben, können sie sich später nicht mehr auf angebliche Pflichtverletzungen berufen, die im eröffneten Verfahren stattgefunden haben sollen.

3. Solange du nun die Pflichten gem. §295 InsO erfüllst, kannst du damit rechnen, die Restschuldbefreiung erteilt zu bekommen.

Du musst nun also nur noch folgende Dinge tun:

- eine **angemessene Erwerbstätigkeit** ausüben oder dich um eine solche bemühen;
- im Erbfall die **Hälfte deines Erbanteils** an den Treuhänder zahlen bzw. herausgeben;
- jeden **Umzug oder Arbeitgeberwechsel mitteilen**;
- **Zahlungen** zur Tilgung der Schulden **nicht an Gläubiger**, sondern an den Treuhänder leisten.

**Was viele nicht wissen: deine Gläubiger haben keinen Anspruch**

**darauf, dass du diese Pflichten erfüllst**, d.h. sie können dich nicht zu einem gewissen Verhalten oder Auskunftserteilung zwingen!

Ebenso wenig kann es dein Treuhänder! Im eröffneten Verfahren kann er Anhörungstermine oder gar Haft zur Erzwingung von Auskünften gegen dich veranlassen, aber in der Wohlverhaltensphase kann er im Falle einer Pflichtverletzung nur das Insolvenzgericht und die Gläubiger informieren. Ob diese dann einen Versagungsantrag stellen und prozessual ausreichend begründen, bleibt dann abzuwarten.

**Aber es liegt natürlich in deinem Interesse, die Pflichten zu erfüllen, damit du die Restschuldbefreiung erreichst.**


Das Verfahren läuft ab jetzt für dich gefühlt deutlich ruhiger:

1 – 2 Mal im Jahr fordert der Treuhänder dich auf, aktuelle Einkommensnachweise vorzulegen oder nachzuweisen, dass du dich um eine angemessene Erwerbstätigkeit bemühst.

Wurde die Nachtragsverteilung angeordnet, fordert er dich auch auf, die entsprechenden Mitwirkungshandlungen zu erfüllen.

Während der Restschuldbefreiungsphase nimmt der Treuhänder dein pfändbares Arbeitseinkommen (sofern vorhanden) ein, sammelt es auf einem Treuhandkonto und verteilt es an die Gläubiger, wenn die Verfahrenskosten vollständig gezahlt sind.

⚠️ Der Treuhänder ist gesetzlich verpflichtet, diese Einnahmen und deren Verwendung einmal im Jahr Rechnung gegenüber dem Insolvenzgericht abzurechnen.

**Fordere die entsprechenden Abrechnungen bei dem Treuhänder in Kopie an**, damit du einen Überblick behältst, was mit dem pfändbaren Einkommen passiert. Es ist ja dein Geld, für das du arbeitest!

Für seine Tätigkeit hat der Treuhänder einen Anspruch auf eine Mindestvergütung in Höhe von aktuell 119,00 € (100,00 € zzgl. Umsatz-Steuer) pro Jahr.

Wurde dir für das Restschuldbefreiungsverfahren nicht weiter die Stundung der Verfahrenskosten bewilligt, erhältst du also einmal pro Jahr eine Rechnung vom Treuhänder.

Diese Vergütung musst du grundsätzlich zahlen (genau wie die gesamten Verfahrenskosten), weil es ja dein Verfahren ist, dass du beantragt hast, um die Restschuldbefreiung zu bekommen.

Hat der Treuhänder pfändbares Einkommen von dir vereinnahmt, entnimmt er seine Vergütung hieraus.

Hat er keine Einnahmen erzielt, musst du die Rechnung zahlen, es sei denn, dir wurde weiter Verfahrenskostenstundung bewilligt.

Du kannst einen weiteren Antrag auf Verfahrenskostenstundung auch nach Eingang der Rechnung des Treuhänders stellen, wenn du sie nicht zahlen kannst.

**Wichtig ist nur, dass du auf die Rechnung reagierst! Denn:**

Ist die Vergütung des Treuhänders weder durch Einnahmen noch durch die weitere Verfahrenskostenstundung abgesichert und zahlst du nicht, **steht dem Treuhänder ein eigenes Antragsrecht auf Versagung der Restschuldbefreiung zu!**

<u>In der Praxis enden erstaunlich viele Restschuldbefreiungsverfahren durch die Versagung der Restschuldbefreiung auf Antrag des Treuhänders!</u>

Oft geht es dabei um Beträge von deutlich unter 200,00 €.

Das ganze Verfahren inklusive außergerichtlicher Schuldenbereinigung, all die Zeit, die Beschränkungen und deine gesamte bisherige Mitarbeit wären in diesem Fall also „für die Katz'" und das völlig unnötig.

Denn solange du deine wenigen Pflichten im Verfahren ordnungsgemäß erfüllst und die Mindestvergütung des Treuhänders abgesichert ist, segelst du nun mit Rückenwind auf deine Restschuldbefreiung zu.

## Die Erteilung der Restschuldbefreiung

Spätestens (vgl. Band 3 „Schneller schuldenfrei") nach 6 Jahren, dem Ablauf der Abtretungserklärung gem. §287 InsO, muss das Insolvenzgericht über die Erteilung der Restschuldbefreiung entscheiden.

Sogar wenn dein Verfahren bis zu diesem Zeitpunkt noch gar nicht abgeschlossen wurde, weil die Verwertung deiner Vermögensgegenstände lange gedauert hat, steht dieser Zeitpunkt fest. Entscheidet das Gericht nicht rechtzeitig, kannst du einen entsprechenden Antrag stellen (vgl. Musterschreiben im Kapitel „Reaktions- und Handlungsmöglichkeiten").

Ein Hinauszögern der Entscheidung über die Restschuldbefreiung nach Ablauf der 6 Jahre ist nicht zulässig. Zu diesem Zeitpunkt muss für dich und deine Gläubiger feststehen können, ob die Restschuldbefreiung erteilt wird oder nicht.

Da auch die Erteilung der Restschuldbefreiung in der SCHUFA eingetragen wird und erst am Ende des dritten Jahres nach Eintragung gelöscht wird, ist eine pünktliche Entscheidung für dich auch wichtig, um nicht länger als notwendig durch die SCHUFA-Einträge eingeschränkt zu sein.

**Das Insolvenzgericht hört bei Ablauf der Abtretungserklärung den Treuhänder und die Gläubiger an, ob Hinweise auf Pflichtverletzungen deinerseits vorliegen und Anträge auf Versagung der Restschuldbefreiung gestellt werden.**

Praktisch heißt das, dass alle Beteiligten noch einmal vom

Insolvenzgericht angeschrieben werden und geprüft wird, ob Gründe vorliegen, dir die Restschuldbefreiung nicht zu erteilen.

Wie bei der Ankündigung der Restschuldbefreiung gilt auch hier: eine Versagung der Restschuldbefreiung kann nur erfolgen, wenn du nachweislich gegen deine Pflichten im Verfahren verstoßen hast **und** deine Gläubiger einen formal und inhaltlich richtigen Antrag auf Versagung der Restschuldbefreiung stellen.

Kann kein Gläubiger beweisen, dass du gegen deine Pflichten verstoßen hast, kann auch die Versagung nicht erfolgen!

Liegen keine Gründe für die Versagung der Restschuldbefreiung vor, wird dir vom Insolvenzgericht die Restschuldbefreiung erteilt:

## Beispiel für einen Beschluss des Insolvenzgerichts über die Erteilung der Restschuldbefreiung:

- Ausfertigung/Abschrift -

**Amtsgericht Wunderland**
**Insolvenzgericht**
Geschäfts-Nr.: 456 IK 123/ 15
**(bitte stets angeben)**

**Beschluss**

In dem Verbraucherinsolvenzverfahren
über das Vermögen der
Beate Ohnemoos geb. Unbesorgt, Neustraße 3, 12345 Sorgenstadt

Verfahrensbevollmächtiger:
Rechtsanwalt I. Hilfreich, Querstraße 2, 12345 Sorgenstadt

wird der Schuldnerin die Restschuldbefreiung erteilt (§300 InsO). Die Restschuldbefreiung wirkt gegen alle Insolvenzgläubiger, auch solche, die ihre Forderungen nicht angemeldet haben (§§301,38 InsO). Von der Restschuldbefreiung nicht umfasst werden die ausgenommenen Forderungen gem. §302 InsO.

Die Laufzeit der Abtretungserklärung, das Amt der Treuhänderin und die Beschränkung der Rechte der Gläubiger enden mit Rechtskraft dieser Entscheidung.

Gründe:
Der Schuldnerin ist antragsgemäß Restschuldbefreiung zu erteilen.
Es sind keine Gründe für eine Verletzung von Obliegenheiten während der Wohlverhaltensperiode bekannt geworden.
Zur Erteilung der Restschuldbefreiung wurden die beteiligten Insolvenzgläubiger, der Treuhänder sowie die Schuldnerin gehört.
Anträge auf Versagung der Restschuldbefreiung wurden nicht gestellt.

Ganz-Korrekt
Rechtspfleger

ausgefertigt
Wunderland, den 04.03.2021

Stempel
Amtsgericht

Kunze, Justizangestellter
als Urkundsbeamter der Geschäftsstelle

Alle „normalen" Geldforderungen, die deine Gläubiger vor Beginn des Insolvenzverfahrens gegen dich hatten, werden von der Restschuldbefreiung umfasst. Dies ganz unabhängig davon, ob die Gläubiger sich am Verfahren beteiligt und ihre Forderungen angemeldet haben oder nicht. Die Schulden, die du bei Beginn des Insolvenzverfahrens hattest, sind nun beseitigt.

Allerdings gibt es auch einige Ausnahmen. Die sind in §302 InsO geregelt:

---

**§ 302 InsO Ausgenommene Forderungen:**

Von der Erteilung der Restschuldbefreiung werden nicht berührt:

1. Verbindlichkeiten des Schuldners aus einer **vorsätzlich begangenen unerlaubten Handlung**, aus **rückständigem gesetzlichen Unterhalt, den der Schuldner vorsätzlich pflichtwidrig nicht gewährt** hat, oder aus einem Steuerschuldverhältnis, sofern der Schuldner im Zusammenhang damit wegen einer **Steuerstraftat** nach den §§ 370, 373oder § 374 der Abgabenordnung rechtskräftig verurteilt worden ist; der Gläubiger hat die entsprechende Forderung unter Angabe dieses Rechtsgrundes nach § 174 Absatz 2 anzumelden;

2. **Geldstrafen** und die diesen in § 39 Abs. 1 Nr. 3 gleichgestellten Verbindlichkeiten des Schuldners;

3. Verbindlichkeiten aus zinslosen Darlehen, die dem Schuldner zur Begleichung der Kosten des Insolvenzverfahrens gewährt wurden.

---

Hast du während des Insolvenzverfahrens neue Schulden gemacht, werden diese natürlich nicht von der Restschuldbefreiung umfasst.

Was viele aber nicht wissen: Restschuldbefreiung bedeutet nicht, dass die Forderungen erlöschen, also endgültig weg sind!

Durch die Restschuldbefreiung wird nur bestimmt, dass diese Forderungen nicht mehr durchsetzbar sind, d.h. dass du nicht mehr zahlen musst und deine Gläubiger dich nicht mehr zur Zahlung zwingen können.

Diese etwas komplizierte Rechtskonstruktion hat zur Folge, dass deine Gläubiger z.B. noch die Aufrechnung mit den alten Forderungen erklären können.

Das ist häufig der Fall, wenn du in den nächsten Jahren Ansprüche gegen das Finanzamt auf Steuer-Erstattung oder z.B. bei der Arbeitsagentur Anspruch auf Leistungen hast.

Außerdem ist erst nach Ablauf eines Jahres nach Erteilung der Restschuldbefreiung ganz sicher, dass diese Bestand hat.

So lange kann die Restschuldbefreiung nämlich im Zweifel noch widerrufen werden, wenn deine Gläubiger dem Insolvenzgericht nachweisen, dass du etwas verschwiegen hast und das jetzt erst bekannt wird.

Diese Fälle sind aber sehr selten und treten nicht auf, wenn du alle Angaben so richtig wie dir möglich gemacht hast.

## Die Versagung der Restschuldbefreiung

Da die Erteilung der Restschuldbefreiung vom Gesetzgeber nur „redlichen" Schuldnern zuteilwerden soll, wurde ausdrücklich geregelt, welche Pflichtverstöße eine Versagung begründen können.

Im eröffneten Insolvenzverfahren ist dies in §290 InsO geregelt.

> **§ 290 InsO Versagung der Restschuldbefreiung:**
> (1) Die Restschuldbefreiung ist durch Beschluss zu versagen, wenn dies von einem Insolvenzgläubiger, der seine Forderung angemeldet hat, beantragt worden ist und wenn
>
> 1. der Schuldner in den letzten fünf Jahren vor dem Antrag auf Eröffnung des Insolvenzverfahrens oder nach diesem Antrag wegen einer Straftat nach den §§ 283 bis283c des Strafgesetzbuchs rechtskräftig zu einer Geldstrafe von mehr als 90 Tagessätzen oder einer Freiheitsstrafe von mehr als drei Monaten verurteilt worden ist,
>
> 2. der Schuldner in den letzten drei Jahren vor dem Antrag auf Eröffnung des Insolvenzverfahrens oder nach diesem Antrag vorsätzlich oder grob fahrlässig schriftlich unrichtige oder unvollständige Angaben über seine wirtschaftlichen Verhältnisse gemacht hat, um einen Kredit zu erhalten, Leistungen aus öffentlichen Mitteln zu beziehen oder Leistungen an öffentliche Kassen zu vermeiden,
> *3. (weggefallen)*
>
> 4. der Schuldner in den letzten drei Jahren vor dem Antrag auf Eröffnung des Insolvenzverfahrens oder nach diesem Antrag vorsätzlich oder grob fahrlässig die Befriedigung der Insolvenzgläubiger dadurch beeinträchtigt hat, dass er unangemessene Verbindlichkeiten begründet oder Vermögen verschwendet oder ohne Aussicht auf eine Besserung seiner wirtschaftlichen Lage die Eröffnung des Insolvenzverfahrens verzögert hat,
>
> 5. der Schuldner Auskunfts- oder Mitwirkungspflichten nach diesem Gesetz vorsätzlich oder grob fahrlässig verletzt hat,

6. der Schuldner in der nach § 287 Absatz 1 Satz 3 vorzulegenden Erklärung und in den nach § 305 Absatz 1 Nummer 3 vorzulegenden Verzeichnissen seines Vermögens und seines Einkommens, seiner Gläubiger und der gegen ihn gerichteten Forderungen vorsätzlich oder grob fahrlässig unrichtige oder unvollständige Angaben gemacht hat,

7. der Schuldner seine Erwerbsobliegenheit nach § 287b verletzt und dadurch die Befriedigung der Insolvenzgläubiger beeinträchtigt; dies gilt nicht, wenn den Schuldner kein Verschulden trifft; § 296 Absatz 2 Satz 2 und 3 gilt entsprechend.

(2) Der Antrag des Gläubigers kann bis zum Schlusstermin oder bis zur Entscheidung nach § 211 Absatz 1 schriftlich gestellt werden; er ist nur zulässig, wenn ein Versagungsgrund glaubhaft gemacht wird. Die Entscheidung über den Versagungsantrag erfolgt nach dem gemäß Satz 1 maßgeblichen Zeitpunkt.
(3) Gegen den Beschluss steht dem Schuldner und jedem Insolvenzgläubiger, der die Versagung der Restschuldbefreiung beantragt hat, die sofortige Beschwerde zu. Der Beschluss ist öffentlich bekannt zu machen.

Im <u>Restschuldbefreiungsverfahren</u> gelten die Regeln des §295 InsO.

> **§ 295 InsO Obliegenheiten des Schuldners:**
>
> (1) Dem Schuldner obliegt es, in dem Zeitraum zwischen Beendigung des Insolvenzverfahrens und dem Ende der Abtretungsfrist
>
> 1. eine angemessene Erwerbstätigkeit auszuüben und, wenn er ohne Beschäftigung ist, sich um eine solche zu bemühen und keine zumutbare Tätigkeit abzulehnen;
>
> 2. Vermögen, das er von Todes wegen oder mit Rücksicht auf ein künftiges Erbrecht erwirbt, zur Hälfte des Wertes an den Treuhänder herauszugeben;
>
> 3. jeden Wechsel des Wohnsitzes oder der Beschäftigungsstelle unverzüglich dem Insolvenzgericht und dem Treuhänder anzuzeigen, keine von der Abtretungserklärung erfassten Bezüge und kein von Nummer 2 erfasstes Vermögen zu verheimlichen und dem Gericht und dem Treuhänder auf Verlangen Auskunft über seine Erwerbstätigkeit oder seine Bemühungen um eine solche sowie über seine Bezüge und sein Vermögen zu erteilen;
>
> 4. Zahlungen zur Befriedigung der Insolvenzgläubiger nur an den Treuhänder zu leisten und keinem Insolvenzgläubiger einen Sondervorteil zu verschaffen.
>
> (2) Soweit der Schuldner eine selbständige Tätigkeit ausübt, obliegt es ihm, die Insolvenzgläubiger durch Zahlungen an den Treuhänder so zu stellen, wie wenn er ein angemessenes Dienstverhältnis eingegangen wäre.

## In der Praxis kommen häufig folgende Versagungsgründe vor:

- fehlende Mitwirkung/ Vorenthalten von pfändbarem Einkommen oder verwertbaren Vermögensgegenständen

- Aufhebung der Verfahrenskostenstundung und dann Einstellung mangels Masse

- Nichtzahlung der Mindestvergütung des Treuhänders

- Verschweigen Erbschaft

- Arbeitgeber nicht / verspätet angegeben

- Umzug nicht gemeldet

- keine ausreichenden Bewerbungsbemühungen bzw. Nichtannahme einer zumutbaren Tätigkeit

- Falsche oder unvollständige Angaben in den Unterlagen bei Insolvenzantrag

- Nichtmitwirken bei Steuererklärung / nachteiliger Steuerklassenwechsel

- rechtskräftige Verurteilung wegen einer Insolvenzstraftat während des Verfahrens

Auch wenn dir selber vielleicht bewusst ist, dass du im Verfahren nicht immer richtig mitgearbeitet oder sogar Dinge absichtlich verschwiegen hast, führt dies noch nicht automatisch zur Versagung der Restschuldbefreiung. Diese kann nur vom Insolvenzgericht und auch nur auf Antrag ausgesprochen werden. Das Insolvenzgericht kann die Versagung der Restschuldbefreiung nicht allein soz. als „Strafe" verhängen. **Stellt kein Beteiligter einen Antrag auf Versagung der Restschuldbefreiung, muss diese erteilt werden.**

Stellt ein Gläubiger einen Versagungsantrag, wirst du hierüber informiert und kannst dazu Stellung nehmen.

---

**§ 296 InsO Verstoß gegen Obliegenheiten**

(1) Das Insolvenzgericht versagt die Restschuldbefreiung auf Antrag eines Insolvenzgläubigers, wenn der Schuldner in dem Zeitraum zwischen Beendigung des Insolvenzverfahrens und dem Ende der Abtretungsfrist eine seiner Obliegenheiten verletzt und dadurch die Befriedigung der Insolvenzgläubiger beeinträchtigt; dies gilt nicht, wenn den Schuldner kein Verschulden trifft. Der Antrag kann nur binnen eines Jahres nach dem Zeitpunkt gestellt werden, in dem die Obliegenheitsverletzung dem Gläubiger bekanntgeworden ist. Er ist nur zulässig, wenn die Voraussetzungen der Sätze 1 und 2 glaubhaft gemacht werden.

(2) Vor der Entscheidung über den Antrag sind der Treuhänder, der Schuldner und die Insolvenzgläubiger zu hören. Der Schuldner hat über die Erfüllung seiner Obliegenheiten Auskunft zu erteilen und, wenn es der Gläubiger beantragt, die Richtigkeit dieser Auskunft an Eides Statt zu versichern. Gibt er die Auskunft oder die eidesstattliche Versicherung ohne hinreichende Entschuldigung nicht innerhalb der ihm gesetzten Frist ab oder erscheint er trotz ordnungsgemäßer Ladung ohne hinreichende Entschuldigung nicht zu einem Termin, den das Gericht für die Erteilung der Auskunft oder die eidesstattliche Versicherung anberaumt hat, so ist die Restschuldbefreiung zu versagen.

(3) Gegen die Entscheidung steht dem Antragsteller und dem Schuldner die sofortige Beschwerde zu. Die Versagung der Restschuldbefreiung ist öffentlich bekanntzumachen.

⚠️ **Die Versagung der Restschuldbefreiung ist eine sehr einschneidende Maßnahme, die du nicht einfach riskieren und hinnehmen solltest!**

Zwar kannst du später einen neuen Antrag auf Eröffnung eines Insolvenzverfahrens stellen, jedoch gibt es verschiedene Sperrfristen, also Zeiträume, die du vor der neuen Antragstellung erst abwarten musst.

Da auch das Verfahren dann ja komplett neu gestartet werden muss, verlierst du auf jeden Fall sehr viel Zeit, wenn die Versagung erst einmal erfolgt ist.

Und es wird beim nächsten Versuch schwieriger, die Verfahrenskosten gestundet zu bekommen, da die Gerichte bei „unredlichen" Schuldnern strenger sind.

Gibt es also Probleme, wird dir ein Verstoß gegen deine Pflichten vorgeworfen oder hast du Gelder verschwiegen, solltest du dir möglichst sofort Hilfe bei einer Schuldnerberatungsstelle oder bei einem Rechtsanwalt holen, um die _Versagung der Restschuldbefreiung zu vermeiden_.

Reagierst du nicht oder kannst du den Pflichtenverstoß nicht widerlegen, ergeht der Beschluss über die Versagung der Restschuldbefreiung:

- Ausfertigung/Abschrift -

**Amtsgericht Wunderland
Insolvenzgericht
Geschäfts-Nr.: 456 IK 123/ 15
(bitte stets angeben)**

### Beschluss

In dem Restschuldbefreiungsverfahren
über das Vermögen der
Beate Ohnemoos geb. Unbesorgt, Neustraße 3, 12345 Sorgenstadt

Verfahrensbevollmächtiger:
Rechtsanwalt I. Hilfreich, Querstraße 2, 12345 Sorgenstadt

**wird der Schuldnerin die Restschuldbefreiung gem. §290 / 296 InsO versagt.
Die Schuldnerin trägt die Kosten des Verfahrens.**

Gründe:
Die Erteilung der Restschuldbefreiung scheidet gem. §290 / 295 InsO aus, weil nach den gerichtlichen Ermittlungen ein Versagungsgrund vorliegt und die Versagung beantragt worden ist.
Die Schuldnerin hat während des Verfahrens Auskunfts- und Mitwirkungspflichten nach der InsO vorsätzlich oder grob fahrlässig verletzt.
Entschuldigungsgründe für die Schuldnerin sind nicht ersichtlich.

**Rechtsmittelbelehrung:**
Diese Entscheidung kann von der Schuldnerin mit der sofortigen Beschwerde angefochten werden. Sie ist innerhalb einer Notfrist von 2 Wochen ab Zustellung der Entscheidung bei dem Amtsgericht – Insolvenzgericht – Wunderland einzulegen.

Schulze-Müller
Richter

**Ist dir ein solcher Versagungsbeschluss zugestellt worden, heißt es die Ruhe bewahren und schnell reagieren. Vielleicht ist ja noch etwas zu retten und du kannst bei erfolgreicher sofortiger Beschwerde doch noch die Restschuldbefreiung erreichen!**

Aus meiner Praxis-Erfahrung kann ich dir berichten, dass in vielen Fällen für den Schuldner noch etwas zu retten war!

Allerdings setzt das natürlich voraus, dass du das Rechtsmittel in Anspruch nimmst und Gründe für deine Verteidigung bzw. die Nichterfüllung der Versagungsvoraussetzungen vorlegen kannst.

Ich habe dir im Kapitel „Reaktions- und Handlungsmöglichkeiten" auch eine Vorlage für eine sofortige Beschwerde gegen die Versagung der Restschuldbefreiung zur Verfügung gestellt.

Wird der Beschluss über die Versagung der Restschuldbefreiung rechtskräftig, können deine Gläubiger sofort wieder Zwangsvollstreckungsmaßnahmen gegen dich veranlassen. Am besten gehst du dann also schnell zu einer Schuldnerberatungsstelle und startest einen neuen Versuch, die Schulden zu regulieren, um Gerichtsvollzieher, Kontopfändung etc. zu vermeiden!

## Deine Rechte in der Insolvenz

Jetzt weißt du, wie Insolvenzgericht und Insolvenzverwalter während des gesamten Verfahrens vorgehen und hast an vielen Stellen gesehen, dass du durchaus eigene Handlungsmöglichkeiten hast:

- Grundsätzlich kannst du dich **jederzeit mit Fragen zum Ablauf und einzelnen Schreiben an das Insolvenzgericht und den Insolvenzverwalter wenden**, wenn du etwas nicht verstehst oder denkst, dass deine Rechte verletzt werden.

- **Gegen Entscheidungen des Insolvenzgerichts steht dir in der Regel ein Rechtsmittel (sofortige Beschwerde) zu.**

- **Gegen Maßnahmen des Insolvenzverwalters kannst du dich mit Anträgen bei dem Insolvenzgericht** zur Wehr setzen.

- Du kannst **unberechtigten Forderungen deiner Gläubiger widersprechen** und damit die **Feststellung zur Insolvenztabelle verhindern.**

- Der Insolvenzverwalter hat im Verfahren Berichts- und Rechnungslegungspflichten gegenüber dem Insolvenzgericht. **Du hast Anspruch auf Einsicht in diese Unterlagen, denn es geht ja um deine Vermögenswerte!**

- **Weder das Insolvenzgericht noch der Insolvenzverwalter oder deine Gläubiger können dich letztlich zur Mitwirkung zwingen**, aber bei Pflichtverstößen kann die Versagung der Restschuldbefreiung drohen. Hierzu wirst du dann aber angehört und kannst Stellung nehmen. Außerdem kann das Insolvenzgericht über Anhörungstermine bis hin zur Haftanordnung versuchen, dich zur ordnungsgemäßen Mitwirkung zu bringen.

- Bist du nicht in der Lage, die Verfahrenskosten oder die Vergütung des Treuhänders zu zahlen, kannst du gem. §4a InsO die **Stundung der Verfahrenskosten** beantragen. Dann werden die Kosten erst einmal von der Staatskasse vorgeleistet und später bei dir angefordert.

- Im Gegensatz zum weit verbreiteten Irrtum **darfst du während des Verfahrens auch neue Schulden machen**, ohne dass die Restschuldbefreiung für die alten Schulden dadurch gefährdet wird. Solche neuen Schulden bestehen dann aber natürlich auch nach dem Insolvenzverfahren weiter und können auch vollstreckt werden.

- **Über dein pfändungsfreies Einkommen/Vermögen darfst du während des Verfahrens frei verfügen.** Die Gläubiger dürfen keine Zwangsvollstreckung mehr gegen dich betreiben.

- Erfahrungsgemäß entwickeln insbesondere frühere Partner, Schwiegereltern o.ä. im Verfahren großen Ehrgeiz, Verstöße gegen deine Pflichten aufzudecken und dies dem Insolvenzgericht mitzuteilen. **Allerdings werden sie damit überhaupt nur gehört, wenn sie überhaupt Beteiligte am Verfahren sind, also du Schulden bei Ihnen hast**.

- Du kannst das **Verfahren unter bestimmten Umständen deutlich früher als nach 6 Jahren beenden** (vgl. Band 3 „Schneller schuldenfrei"), **z.B.** indem du mit Hilfe von Dritten, die dir Geld zur Verfügung stellen, einen **Insolvenzplan** vorlegst.

- **Deine gesetzlichen Unterhaltspflichten müssen** im Verfahren **grundsätzlich** für deine Pfändungsfreigrenze

**beachtet werden.** Nur wenn der Insolvenzverwalter einen Antrag auf Nichtberücksichtigung bestimmter Personen wegen deren ausreichend hohem eigenen Einkommen stellt, kann hiervon abgewichen werden.

- Du musst zwar deine Pflichten im Verfahren persönlich erfüllen, **kannst deine rechtlichen Interessen im Verfahren jederzeit von einem Rechtsanwalt vertreten lassen.** Unter bestimmten Umständen **kann der Anwalt** dir sogar **im Rahmen der Prozesskostenhilfe beigeordnet werden.**

- **Du kannst während des Verfahrens Wohnort (auch ins Ausland) oder Arbeitsplatz wechseln,** solange du erreichbar bleibst und deine Einkommensverhältnisse nicht mutwillig verschlechterst.

- Du musst dich zwar um eine „angemessene" Erwerbstätigkeit bemühen, aber **unzumutbare Arbeit darfst du natürlich ablehnen!**

- Sogar ein Gefängnisaufenthalt während des Insolvenzverfahrens beeinträchtigt deine Chancen auf die Restschuldbefreiung nicht, solange du dort postalisch erreichbar bleibst!

- **Du musst deine Auskunftspflichten nur gegenüber Insolvenzverwalter und dem Insolvenzgericht erfüllen, nicht gegenüber deinen Gläubigern!** Schreiben deine Gläubiger dich während des Verfahrens also an, musst du nicht reagieren. Zugleich genießt du **Vollstreckungsschutz** während des Verfahrens.

Jetzt zeige ich dir, wie du deine Rechte wahrnehmen kannst:

# Reaktions- und Handlungsmöglichkeiten

Nachdem ich dir in Band 1 („So läuft´s") dieser Buchreihe Musterschreiben zur Erfüllung deiner Mitwirkungspflichten zur Verfügung gestellt hatte, kommen hier nun die **Vorlagen, mit denen du deine Rechte im Verfahren geltend machen kannst**!

Ich habe die Vorlagen nach Ihrer Zielrichtung eingeteilt, je nachdem, ob du

- **Informationen** zu deinem Verfahren **anfordern** möchtest,
- **Stellungnahmen** bei Insolvenzgericht oder Insolvenzverwalter **abgeben** musst,
- **Anträge stellen** willst, z.B. um deinen finanziellen Handlungsspielraum zu erweitern, oder
- dich gegen Maßnahmen im Verfahren **Widerspruch einlegen** möchtest.
-

Mit diesen Vorlagen kannst du bei Handlungsbedarf immer richtig und rechtzeitig reagieren.

Du wirst vielleicht in deinem Verfahren nicht mit allen Anträgen erfolgreich sein, weil dies immer von den konkreten Umständen abhängig ist und z.B. auch davon, ob überhaupt schon Einnahmen im Verfahren erzielt wurden oder nicht.

Aber in vielen Fällen wirst du etwas Positives erreichen können (z.B. mehr Geld durch Erhöhung deiner Pfändungsfreigrenze) und die Sicherheit genießen, im Verfahren nicht wehrlos zu sein.

## Anforderung Informationen / Unterlagen

Um zu wissen, was bislang in deinem Verfahren alles passiert ist und was der Insolvenzverwalter vielleicht noch plant, ist es immer wichtig, Einblick in die entsprechenden Berichte zu erhalten, um deine Rechte schnell genug und vollständig wahren zu können.

Mit den folgenden Anforderungen kannst du daher dein Auskunftsrecht wahrnehmen:

### 1. **Anforderung Bericht und Insolvenztabelle**

Abs.: Beate Ohnemoos
     Hauptstraße 1
     12345 Sorgenstadt

An Frau StB A. Wissend
Postallee 3
12345 Sorgenstadt

                                      Sorgenstadt, 25.03.2015

**Aktenzeichen: 456 IK 123/15 Amtsgericht Wunderland**

Sehr geehrte Frau Wissend,

in meinem Insolvenzverfahren wurde der erste Berichts- und Prüfungstermin für den 20.04.2015 bestimmt.
Ich bitte daher um Vorab-Übersendung Ihres Erstberichts und der Insolvenztabelle in Kopie, um ggf. hierzu rechtzeitig Stellung nehmen zu können.

Mit freundlichen Grüßen

Beate Ohnemoos

### 2.

## 3. Anforderung Kopie Schlussunterlagen

Abs.: Beate Ohnemoos
　　　Neustraße 3
　　　12345 Sorgenstadt


An Frau StB A. Wissend
Postallee 3
12345 Sorgenstadt

Sorgenstadt, den 20.07.2015

**Aktenzeichen: 456 IK 123/15 Amtsgericht Wunderland**

Sehr geehrte Frau Wissend,

in meinem Insolvenzverfahren teilte mir das Insolvenzgericht mit, dass Schlusstermin bestimmt wurde zum 30.08.2015.
Ich bitte daher um Vorab-Übersendung der vollständigen Schlussunterlagen (Schlussbericht, Schlussrechnung, Schlussverzeichnis) sowie Ihres Vergütungsantrags in Kopie, um ggf. hierzu rechtzeitig Stellung nehmen zu können.

Mit freundlichen Grüßen


Beate Ohnemoos

## 4. Anforderung jährliche Rechnungslegung / Verteilung

Abs.: Beate Ohnemoos
       Neustraße 3
       12345 Sorgenstadt


An Frau StB A. Wissend
Postallee 3
12345 Sorgenstadt

Sorgenstadt, den 30.08.2016

**Aktenzeichen: 456 IK 123/15 Amtsgericht Wunderland**


Sehr geehrte Frau Wissend,

in meinem Verfahren haben Sie im vergangenen Jahr ausweislich meiner Lohnabrechnungen aufgrund der Abtretungserklärung gem. §287 InsO regelmäßig pfändbare Beträge erhalten.
Mir ist bekannt, dass Sie hierüber und über die Verwendung des Geldes gegenüber dem Insolvenzgericht einmal jährlich Rechnung legen müssen.
Ich bitte daher für meine Unterlagen um Übersendung Ihrer letzten Abrechnung gem. §292 InsO sowie des Verteilungsverzeichnisses in Kopie.

Mit freundlichen Grüßen


Beate Ohnemoos

## Anträge

Die folgenden Anträge decken häufig auftretende Standardsituationen in Verbraucherinsolvenzverfahren ab. Du kannst sie aber auch einfach anpassen, je nachdem auf welche Handlung deines Insolvenzverwalters du reagieren musst / willst!

### 5. Antrag Unpfändbarkeit / Unverwertbarkeit – Beispiel: PKW

### 6.

Abs.: Beate Ohnemoos
  Neustraße 3
  12345 Sorgenstadt

An das Amtsgericht
- Insolvenzgericht –
Wunderland

Sorgenstadt, den 22.04.2015

**Aktenzeichen: 456 IK 123/15**

Sehr geehrte Damen und Herren,

mit Schreiben vom 21.04.2015 forderte mich Frau StB Wissend auf, ihr meinen PKW (Volkswagen Polo, Bj. 2008, amtl. Kz.: SR-BO 123) zwecks Verwertung für die Insolvenzmasse zu übergeben.
Ich bin jedoch auf die Nutzung des Fahrzeugs dringend angewiesen:

[ - Ich arbeite im Schichtdienst. Mein Arbeitsplatz liegt im Industriegebiet „Sumpfloch" rund 40 Km von meinem Wohnort entfernt. Die Anbindung mit öffentlichen Verkehrsmitteln ist nur an wenigen Stunden am Tag gegeben, insbesondere in der Abend- und Nachtschicht bin ich auf den PKW angewiesen. Meine Kollegen wohnen in anderen Regionen, so dass auch die Bildung einer Fahrgemeinschaft leider nicht möglich ist,]

[ - Ich befinde mich derzeit intensiv auf Arbeitsplatzsuche. Meine Sachbearbeiterin bei der Arbeitsagentur hat mir ausdrücklich mitgeteilt, dass meine Bereitschaft zur Mobilität und Flexibilität zur Annahme einer Arbeit auch an weiter entfernten Orten unabdingbare Voraussetzung hierfür sind. Durch den Verlust meines PKW würden sich meine Aussichten auf eine schnelle Arbeitsaufnahme deutlich verringern.]

[ - Mein PKW hat aufgrund diverser Unfallschäden und Verschleißerscheinungen nur noch einen geringen Marktwert, so dass durch seine Verwertung nur ein Erlös zu erzielen wäre, der weder den Verwertungsaufwand noch meinen Verlust der Mobilität rechtfertigt, §36 Abs. 3 InsO.]

[ - Wie dem Gericht bekannt ist, lebt mein pflegebedürftiges Familienmitglied XY in meinem Haushalt. Ich bin für den Transport zu vielen regelmäßigen Arztterminen / Therapiesitzungen / Teilhabe an Veranstaltungen von XY dringend auf das Auto angewiesen. Aufgrund der körperlichen Beeinträchtigungen ist die Nutzung von öffentlichen Verkehrsmitteln nicht möglich. ]

Ich <u>beantrage daher, den o.g. PKW für pfändungsfrei zu erklären</u> und die Insolvenzverwalterin anzuweisen, auf die Verwertung zu verzichten.

Mit freundlichen Grüßen

Beate Ohnemoos

Diesen Antrag kannst du natürlich auch für andere Gegenstände abändern, die der Insolvenzverwalter verwerten will und auf die du dringend angewiesen bist.

Insbesondere der Hinweis auf die „Unverhältnismäßigkeit" einer Verwertung gem. §36 Abs. 3 InsO wird vom Insolvenzgericht vertieft geprüft werden müssen!

## 7. **Antrag auf Berücksichtigung weiterer Unterhaltspflichten**

Abs.: Beate Ohnemoos
     Neustraße 3
     12345 Sorgenstadt

An das Amtsgericht
- Insolvenzgericht –
Wunderland

Sorgenstadt, den 15.10.2015

**Aktenzeichen: 456 IK 123/15**

Sehr geehrte Damen und Herren,

in meinem Insolvenzverfahren wurde bislang nur die beiden Unterhaltspflichten für meine Kinder anerkannt und das entsprechende pfändbare Einkommen regelmäßig an die Insolvenzverwalterin abgeführt.
Nun hat sich aber meine Situation geändert, so dass ich <u>beantrage, eine weitere Unterhaltspflicht anzuerkennen und die entsprechend erhöhte Pfändungsfreigrenze zur berücksichtigen</u>:

[ - Ich habe am 13.10.2015 geheiratet (Eheurkunde in Kopie liegt bei). Mein Ehemann verfügt derzeit über kein eigenes Einkommen, so wir den Familienunterhalt allein aus meinem Einkommen bestreiten müssen.]

[- Meine Mutter musste aufgrund der Verschlechterung ihres Gesundheitszustands ihre eigene Wohnung aufgeben und in ein Pflegeheim umziehen. Die dortigen Kosten sind durch ihr eigenes Einkommen nicht vollständig gedeckt, so dass die Stadtverwaltung nun gem. in Kopie beigefügtem Schreiben meine Schwester und mich im Rahmen des Elternunterhalts in Anspruch nimmt. ]

[- Meine älteste Tochter Eva, geb. 15.07.1996, die bislang bei ihrem Freund gewohnt hat und durch ihre Ausbildung ein eigenes Einkommen hatte, lebt seit Anfang Oktober 2015 wieder bei mir. Nach bestandener Abschlussprüfung hat sie bislang noch keine Arbeitsstelle gefunden und hat daher aktuell kein eigenes Einkommen. ]

[ Am 02.10.2015 ist mein Sohn Fiete zur Welt gekommen, so dass ich nun für 3 Kinder unterhaltspflichtig bin. Ich werde nach der Mutterschutzzeit und fünf Monaten Elternzeit wieder auf meine alte Arbeitsstelle zurückkehren. ]


Mit freundlichen Grüßen


Beate Ohnemoos

## 8. Antrag auf Erhöhung der Pfändungsfreigrenze

Abs.: Beate Ohnemoos
　　　Neustraße 3
　　　12345 Sorgenstadt

An das Amtsgericht
- Insolvenzgericht –
Wunderland

Sorgenstadt, den 22.07.2015

**Aktenzeichen: 456 IK 123/15**

Sehr geehrte Damen und Herren,

in meinem o.g. Insolvenzverfahren werden bislang monatlich … EUR pfändbares Einkommen an die Insolvenzverwalterin abgeführt.

Der mir verbleibende Betrag in Höhe von …. EUR reicht jedoch nicht aus, um meinen notwendigen Lebensunterhalt abzudecken. Es liegen besondere Umstände vor, die einen erhöhten Bedarf verursachen, so dass ich beantrage, mir bis auf Weiteres abweichend von der Pfändungstabelle einen zusätzlichen Betrag von 150,00 € monatlich zu belassen.

Begründung:

[ Ich bin seit Anfang Juli an … erkrankt. Die entsprechende ärztliche Bescheinigung ist beigefügt. Seitdem fallen für eine spezielle Schonkost, Medikamente und Behandlungen, auf die ich dringend angewiesen bin, Kosten an, die von der Krankenkasse gem. beigefügter Abrechnung nur teilweise getragen werden. Ohne diese Behandlungen drohen weitere gesundheitliche Schäden sowie längerfristige Arbeitsunfähigkeit. ]

[ Bei der letzten Vorsorgeuntersuchung bei meinem Zahnarzt ist eine erhebliche Schädigung mehrerer Zähne aufgefallen, die eine größere Behandlung samt Implantaten notwendig machen. Mein Anteil an den anfallenden Kosten beträgt gem. beigefügtem Kostenplan einen Betrag von … EUR. Ich konnte mit dem Zahnarzt eine Ratenzahlung vereinbaren, bin jedoch mit meinem normalen pfändungsfreien Einkommen nicht in der Lage, diese Kosten aufzubringen. Ohne die Behandlung droht mir eine erhebliche weitere Schädigung im Zahn- und Kieferbereich sowie erhebliche kosmetische Beeinträchtigungen. ]

[ Laut Mängelbericht vom TÜV vom 05.07.2015 wurde mein bisheriges Fahrzeug erheblich beanstandet. Die entsprechende Reparatur würde gem. beigefügtem Kostenvoranschlag rund 2.500,00 € kosten. Alternativ steht die Anschaffung eines Ersatzfahrzeugs im Raum. Da ich beruflich dringend auf einen PKW angewiesen bin, habe ich mit meinem Autohaus eine Raten-Option vereinbart, die ich jedoch aus meinem bisherigen pfändungsfreien Einkommen nicht bedienen kann. ]

[ Nach der Geburt unseres gemeinsamen Sohnes am 02.10.2015 ist mein Freund zu uns gezogen, um ihn ebenfalls gut betreuen zu können. Er ist aktuell arbeitslos und erhielt Leistungen nach SGB II. Aufgrund der nun bestehenden Wohngemeinschaft und damit Berücksichtigung meines Einkommens wurden diese jedoch deutlich reduziert und reichen nicht zur Deckung aller Kosten aus. In der Folge muss ich nun faktisch für 3 Kinder und meinen Freund sorgen, so dass trotz Vollzeit-Tätigkeit mein eigener Lebensunterhalt zunehmend gefährdet ist.
Ich berufe mich auch auf den Beschluss vom Landgericht Essen vom 4.9.2014 unter Aktenzeichen 7 T 285/14.]

Mit freundlichen Grüßen


Beate Ohnemoos

## 9. Antrag auf (Teil-)Auszahlung Abfindung

Abs.: Beate Ohnemoos
      Neustraße 3
      12345 Sorgenstadt

An das Amtsgericht
- Insolvenzgericht –
Wunderland

Sorgenstadt, den 20.10.2015

**Aktenzeichen: 456 IK 123/15**

Sehr geehrte Damen und Herren,

mein bisheriges Arbeitsverhältnis mit der Firma …. wurde zum 30.09.2015 aufgelöst. Gem. beigefügtem Urteil vom Arbeitsgericht Sorgenstadt vom 15.10.2015 wurde mir eine Abfindung in Höhe von 3.500,00 € zugesprochen, die von der Insolvenzverwalterin in voller Höhe angefordert wurde.

Ich beantrage, gem. §850i ZPO die Abfindung für pfändungsfrei zu erklären bzw. mir monatlich einen Teilbetrag daraus zu belassen.

Aktuell bin ich auf der Suche nach einer neuen Arbeitsstelle und beziehe Arbeitslosengeld in Höhe von …. . Ich habe daher aufgrund des Arbeitsplatzverlustes gegenüber früher monatlich 480,00 € weniger zur Verfügung und weiß nicht, wie ich hieraus den gesamten Lebensunterhalt für meine Familie bestreiten soll. Eine Auflistung der laufenden Kosten habe ich ebenfalls beigefügt. Ich werde so schnell wie möglich wieder Arbeit aufnehmen und bitte aber bis dahin, mir wenigstens einen Teil der Abfindung zur Sicherung unseres Lebensunterhalts zu belassen.

Mit freundlichen Grüßen

Beate Ohnemoos

## 10. Antrag auf Beiordnung eines Rechtsanwalts wegen einer Forderung aus unerlaubter Handlung

Abs.: Beate Ohnemoos
Neustraße 3
12345 Sorgenstadt


An das Amtsgericht
- Insolvenzgericht –
Wunderland

Sorgenstadt, den 31.03.2015

**Aktenzeichen: 456 IK 123/15**

Sehr geehrte Damen und Herren,

gem. der von Ihnen übersandten Unterlagen zu den bislang angemeldeten Forderungen hat die Gläubigerin unter lfd. Nr. 10 eine Forderung aus unerlaubter Handlung angemeldet.
Diese Forderung ist seit angeblicher Begründung zwischen mir und der der Gläubigerin streitig. Eine unerlaubte Handlung meinerseits wurde nie begangen. Jedoch versucht die Gläubigerin seit Beginn an, ihre Forderung massiv durchzusetzen und nun durch die Anmeldung als unerlaubte Handlung auch von der Restschuldbefreiung ausnehmen zu lassen. Hierdurch droht mir ein erheblicher finanzieller Schaden und eine unrechtmäßige Titulierung der Forderung. Ich habe schon mit allen Mitteln versucht, diese Angelegenheit mit der Gläubigerin zu klären, jedoch zeigt diese keinerlei Einigungsbereitschaft.
Ich <u>beantrage daher, mir zur Abwehr dieser Forderung und einer Feststellung der unerlaubten Handlung einen Rechtsanwalt beizuordnen.</u>
Ich bitte möglichst um Beiordnung meines bereits im Vorfeld mit der Angelegenheit vertrauten Rechtsanwalts Ingo Hilfreich, Sorgenstadt.
Ich bin auf fachkundige Vertretung in der Angelegenheit dringend angewiesen.

Mit freundlichen Grüßen


Beate Ohnemoos

## 11. Antrag vorzeitige Erteilung Restschuldbefreiung

Abs.: Beate Ohnemoos
     Neustraße 3
     12345 Sorgenstadt

An das Amtsgericht
- Insolvenzgericht –
Wunderland

Sorgenstadt, den 29.11.2015

**Aktenzeichen: 456 IK 123/15**

Sehr geehrte Damen und Herren,

in meinem Verfahren habe ich inzwischen die mitgeteilten Verfahrenskosten in Höhe von 1.312,02 € gem. den in Kopie beigefügten Überweisungsbelegen vollständig gezahlt.
Forderungsanmeldungen meiner Gläubiger im Insolvenzverfahren erfolgten nicht.

Ich <u>beantrage</u> daher unter Hinweis auf die entsprechende Entscheidung des Bundesgerichtshofs, <u>mir vorzeitig die Restschuldbefreiung zu erteilen</u> und mir den entsprechenden Beschluss zeitnah zukommen zu lassen, damit ich die Löschung aus den Schuldnerregistern beantragen kann.

Mit freundlichen Grüßen

Beate Ohnemoos

---

Nach einer Entscheidung des AG Göttingen vom 29.04.2015 unter Aktenzeichen 71 IK 99/14 kann dir die Restschuldbefreiung sogar sofort erteilt werden, wenn
- <u>keine Gläubiger</u> im Verfahren <u>Forderungen angemeldet</u> haben <u>und</u>
- die Verfahrenskosten zwar nicht gedeckt sind, aber dir <u>Verfahrenskostenstundung bewilligt</u> wurde.

**Du kannst also diesen Antrag unter Hinweis auf das Urteil abwandeln und sofort die Restschuldbefreiung erteilt bekommen!**

## 10. Antrag auf sofortige Entscheidung über die Erteilung der Restschuldbefreiung Ablauf der Abtretungserklärung

Abs.: Beate Ohnemoos
Neustraße 3
12345 Sorgenstadt

An das Amtsgericht
- Insolvenzgericht –
Wunderland

Sorgenstadt, den 10.04.2021

**Aktenzeichen: 456 IK 123/15**

Sehr geehrte Damen und Herren,

in meinem Verfahren ist inzwischen die Abtretungserklärung gem. §287 InsO abgelaufen, ohne dass bislang eine Entscheidung über die Erteilung der Restschuldbefreiung vorliegt.
Ich verweise diesbezüglich auf den Beschluss des Bundesgerichtshofs vom 03.12.2009 unter Aktenzeichen IX ZB 247/08, wonach die Entscheidung unverzüglich mit Ablauf zu ergehen hat, auch um keine willkürliche Schlechterstellung gegenüber anderen Schuldnern zu vermeiden.

Ich beantrage daher, nun unverzüglich über die Erteilung der Restschuldbefreiung zu entscheiden und mir den entsprechenden Beschluss zeitnah zukommen zu lassen, damit ich die fristgerechte Löschung aus den Schuldnerregistern beantragen kann.

Mit freundlichen Grüßen

Beate Ohnemoos

## 11. Antrag weitere Verfahrenskostenstundung

Abs.: Beate Ohnemoos
　　　Neustraße 3
　　　12345 Sorgenstadt


An das Amtsgericht
- Insolvenzgericht –
Wunderland

                                                                      Sorgenstadt, den 20.08.2016

**Aktenzeichen: 456 IK 123/15**

Sehr geehrte Damen und Herren,

mit Schreiben vom 14.08.2016 forderte mich Frau StB Wissend auf, die Mindestvergütung des Treuhänders in Höhe von 119,00 € zu zahlen.
Dies ist mir aber leider aufgrund meines geringen Einkommens und meiner Unterhaltspflichten nicht möglich.
Ich beantrage daher, mir <u>die weiteren Verfahrenskosten</u> bis zur Erteilung der Restschuldbefreiung <u>zu stunden</u>.

Meine letzten Lohnabrechnungen sind in Kopie zur Kenntnisnahme beigefügt. Weiteres Einkommen habe ich nicht.


Mit freundlichen Grüßen


Beate Ohnemoos

## 12. alternativ: Antrag auf Ratenzahlung beim Treuhänder

Abs.: Beate Ohnemoos
    Neustraße 3
    12345 Sorgenstadt


An Frau StB A. Wissend
Postallee 3
12345 Sorgenstadt

Sorgenstadt, den 20.08.2016

**Aktenzeichen: 456 IK 123/15**

Sehr geehrte Frau Wissend,

mit Ihrem Schreiben vom 14.08.2016 forderten Sie mich auf, die Mindestvergütung des Treuhänders in Höhe von 119,00 € zu zahlen.
Die sofortige Zahlung ist mir aber leider aufgrund meines geringen Einkommens und meiner Unterhaltspflichten nicht möglich.
Ich bitte daher höflich um die Möglichkeit, die Summe in 3 Monatsraten, beginnend ab 01.09.2016 zahlen zu dürfen.

Meine letzten Lohnabrechnungen sind in Kopie zur Kenntnisnahme beigefügt. Weiteres Einkommen habe ich nicht.


Mit freundlichen Grüßen


Beate Ohnemoos

## Stellungnahme / Mitteilung

Hast du Unterlagen vom Insolvenzgericht und dem Insolvenzverwalter erhalten und bist der Auffassung, dass etwas falsch dargestellt wurde, solltest du darauf sofort reagieren. Dies geht am einfachsten, in dem du die Dinge aus deiner Sicht richtig stellst bzw. entsprechende Belege nachreichst:

### 13. **Stellungnahme zum Bericht des Insolvenzverwalters**

Abs.: Beate Ohnemoos
  Hauptstraße 1
  12345 Sorgenstadt

An das Amtsgericht
- Insolvenzgericht -
Wunderland

Sorgenstadt, den 05.04.2015

**Aktenzeichen: 456 IK 123/15**

Sehr geehrte Damen und Herren,

in dem Bericht von Frau StB Wissend zum Prüfungstermin in meinem Verfahren am 31.03.2015 schreibt diese, dass *ich aktuell arbeitslos bin.*
Dies stimmt so nicht mehr. Wie ich der Treuhänderin auch schriftlich mitgeteilt habe, fange ich am 01.04.2015 bei meinem neuen Arbeitgeber an.
Es handelt sich um die Firma Sozial & Fair GmbH, Industriering 99, 12345 Sorgenstadt. Ich bin dort in Vollzeit als Logistik-Mitarbeiterin eingestellt. Sobald mir die erste Lohnabrechnung vorliegt, sende ich diese in Kopie an die Treuhänderin.

Mit freundlichen Grüßen

Beate Ohnemoos

## 14. Stellungnahme zur Insolvenztabelle

Abs.: Beate Ohnemoos
       Hauptstraße 1
       12345 Sorgenstadt

An das Amtsgericht
- Insolvenzgericht –
Wunderland

Sorgenstadt, den 05.04.2015

**Aktenzeichen: 456 IK 123/15**

Sehr geehrte Damen und Herren,

in dem von Ihnen übersandten Auszug aus der Insolvenztabelle ist unter lfd. Nr. 2 eine Forderung der Gläubigerin „Anna Versand" in Höhe von 1.835,40 € vermerkt. Tatsächlich beträgt die Forderung jedoch laut dem mir vorliegenden Titel nur **835,40 €**. Ich gehe von einem Übertragungsfehler aus, um dessen Korrektur ich hiermit bitte, damit die Forderung nicht falsch festgestellt wird.

Mit freundlichen Grüßen

Beate Ohnemoos

## 15. Stellungnahme zu Schlussbericht / Schlussrechnung

Abs.: Beate Ohnemoos
    Hauptstraße 1
    12345 Sorgenstadt

An das Amtsgericht
- Insolvenzgericht –
Wunderland

Sorgenstadt, den 14.08.2015

**Aktenzeichen: 456 IK 123/15**

Sehr geehrte Damen und Herren,

in den Schlussunterlagen zum Termin am 30.08.2015 teilt die Insolvenzverwalterin mit, dass noch eine Versicherung zu meinen Gunsten bei der „Glück&Seligkeit Versicherungs AG" vorgefunden wurde und dass für deren Verwertung Nachtragsverteilung angeordnet werden soll. Ich soll diese Versicherung bei Antragstellung verschwiegen haben, was nicht stimmt:
Die Versicherung besteht bereits seit Jahren nicht mehr gem. in Kopie beigefügter Kündigungsbestätigung. Ein Rückkaufswert war bereits damals nicht vorhanden, da es sich um eine reine Risikoversicherung handelte, die ich gekündigt hatte, weil ich die monatlichen Beiträge nicht mehr leisten konnte.

Außerdem hat die Insolvenzverwalterin zwischenzeitlich auch meine DVD-Sammlung mitgenommen und wohl verkauft. Hierüber findet sich jedoch kein Nachweis in der bisherigen Rechnungslegung, so dass ich hier noch um Ergänzung bitte.

Mit freundlichen Grüßen

Beate Ohnemoos

## 16. Stellungnahme zum Vergütungsantrag des Insolvenzverwalters

Abs.: Beate Ohnemoos
     Hauptstraße 1
     12345 Sorgenstadt


An das Amtsgericht
- Insolvenzgericht –
Wunderland

Sorgenstadt, den 14.08.2015

**Aktenzeichen: 456 IK 123/15**


Sehr geehrte Damen und Herren,

in ihrem Vergütungsantrag vom 30.08.2015 macht die Insolvenzverwalterin einen Erhöhungszuschlag wegen der Verwertung meines Hausgrundstücks in Höhe von …. EUR geltend.

Das empfinde ich als ungerecht, da ich selber Interessenten vorgeschlagen und die Besichtigungstermine wahrgenommen habe, was letztlich dann auch zum Verkauf des Hauses führte und die Zwangsversteigerung verhindert hat. Die Insolvenzverwalterin hatte selber kaum Aufwand in der Angelegenheit und hat hierdurch erhebliche Einnahme im Verfahren erzielt, die auch bereits ihre allgemeine Vergütung erhöhen.

Ich gehe also davon aus, dass die Tätigkeit der Insolvenzverwalterin mit der Regelvergütung ausreichend abgedeckt ist und beantrag die entsprechend niedrigere Festsetzung.

Mit freundlichen Grüßen


Beate Ohnemoos

# Widerspruch / Sofortige Beschwerde

## 17. Widerspruch gegen unberechtigte Forderungsanmeldung

Abs.: Beate Ohnemoos
      Hauptstraße 1
      12345 Sorgenstadt

An das Amtsgericht
- Insolvenzgericht –
Wunderland

Sorgenstadt, den 11.04.2015

**Aktenzeichen: 456 IK 123/15**

Sehr geehrte Damen und Herren,

in dem von Ihnen übersandten Auszug aus der Insolvenztabelle ist unter lfd. Nr. 8 eine angebliche Forderung der Gläubigerin „FreiKatalogHaus" in Höhe von 789,52 € eingetragen. Eine solche Forderung ist mir nicht bekannt und mir liegen keinerlei Unterlagen hierzu vor. Ich kenne diese Firma nicht und hatte nie Kontakt zu ihr.
Ich bitte daher, die Forderung besonders sorgfältig zu prüfen und die zugrunde liegenden Unterlagen darauf zu untersuchen, ob die Daten überhaupt übereinstimmen und irgendein Dokument mit meiner Unterschrift vorhanden ist.
Solange die Forderung nicht eindeutig belegt ist, <u>widerspreche ich hiermit ausdrücklich ihrer Feststellung.</u>

Mit freundlichen Grüßen

Beate Ohnemoos

## 18. Widerspruch Forderung „aus unerlaubter Handlung"

Abs.: Beate Ohnemoos
　　　Hauptstraße 1
　　　12345 Sorgenstadt

An das Amtsgericht
- Insolvenzgericht –
Wunderland

Sorgenstadt, den 11.04.2015

**Aktenzeichen: 456 IK 123/15**

Sehr geehrte Damen und Herren,

in dem von Ihnen übersandten Auszug aus der Insolvenztabelle ist unter lfd. Nr. 6 eine Forderung der Gläubigerin „Autohaus H. Blechle" in Höhe von 1.464,72 €, die angeblich auf einer „unerlaubten Handlung" (Eingehungsbetrug) basiert.

Diese Behauptung stimmt nicht: gem. in Kopie beiliegendem Vertrag hatte ich eine Ratenzahlung mit dem Autohaus vereinbart, die ich auch immer eingehalten habe. Durch Rückbuchung einiger Lastschriften bzw. Anfechtung der letzten Zahlungen durch die Insolvenzverwalterin wurde die Forderung dennoch nicht mehr ganz beglichen. Jedoch kann mir das nicht als mein Verschulden zugerechnet werden. Im Übrigen hatte ich auch noch Mangelbeseitigungsansprüche, da die Reparatur sehr schlecht ausgeführt worden war.

Ich widerspreche also ausdrücklich, insbesondere der Feststellung „unerlaubte Handlung"!

Mit freundlichen Grüßen

Beate Ohnemoos

## 19. Widerspruch gegen Wegnahme und Verwertung von Gegenständen

Abs.: Beate Ohnemoos
Hauptstraße 1
12345 Sorgenstadt


An das Amtsgericht
- Insolvenzgericht –
Wunderland

Sorgenstadt, den 30.04.2015

**Aktenzeichen: 456 IK 123/15**


Sehr geehrte Damen und Herren,

gestern war die Insolvenzverwalterin bei mir und hat meine DVD-Sammlung sowie mein Notebook mitgenommen, um diese Sachen zu verkaufen.
<u>Ich widerspreche hiermit ausdrücklich diesem Vorgehen und beantrage,</u> zumindest das Notebook (Marke Racer, IntelAtom 64 GHz, 18 Zoll, Kaufbeleg vom Media-Markt vom 15.08.2012) <u>für pfändungsfrei zu erklären und die Insolvenzverwalterin anzuweisen, es sofort zurück zu geben</u>.

Das Notebook ist meine einzige Möglichkeit, Informationen aus dem Internet zu erhalten und in meinen sozialen Netzwerken aktiv zu sein! Zwar besitze ich noch einen alten PC (aus dem Jahr 1999 oder so), der aber seit Jahren aufgrund eines veralteten Modems und verminderter Leistungsfähigkeit nur als „Schreibmaschine" und Spielzeug für meine Kinder dient. Er ist weder für das schnelle Finden von Informationen (auch für die Hausaufgaben!) tauglich noch für die sozialen Netzwerke.
Außerdem ist das Notebook bestimmt kaum noch etwas wert, da es einige Gebrauchserscheinungen hat und inzwischen wieder viel bessere zu haben sind.

Mit freundlichen Grüßen


Beate Ohnemoos

## 20. Widerspruch Versagungsantrag durch Gläubiger

Abs.: Beate Ohnemoos
Hauptstraße 1
12345 Sorgenstadt

An das Amtsgericht
– Insolvenzgericht –
Wunderland

Sorgenstadt, den 15.08.2015

**Aktenzeichen: 456 IK 123/15**

Sehr geehrte Damen und Herren,

mit Ihrem Schreiben vom 12.08.2015 teilten Sie mir mit, dass der Gläubiger Hans Grummel gegen mich einen Antrag auf Versagung der Restschuldbefreiung gestellt hat, weil ich angeblich meinen Pflichten im Verfahren nicht nachgekommen bin.

Ich kann bereits nicht nachvollziehen, ob der Antrag überhaupt den Vorschriften entspricht und ausreichend glaubhaft gemacht wurde. Außerdem stimmt die Behauptung auch nicht! Wie aus den Berichten der Insolvenzverwalterin erkennbar, habe ich immer alle Auskünfte erteilt und am Verfahren mitgewirkt, so gut ich nur konnte. Der Gläubiger behauptet, dass ich neue Schulden und teure Anschaffungen gemacht hätte, was überhaupt nicht stimmt.
Ich habe einen Kleinen Kredit aufgenommen (Vertrag in Kopie liegt bei), weil meine Waschmaschine kaputt gegangen ist und ich dringend eine neue brauchte. Aber ich habe nichts Verbotenes gemacht!
<u>Ich beantrage daher, den Antrag von Herrn Grummel zurück zu weisen.</u>

Mit freundlichen Grüßen

Beate Ohnemoos

## 21. Sofortige Beschwerde gegen Beschluss über Versagung der Restschuldbefreiung

Abs.: Beate Ohnemoos
Hauptstraße 1
12345 Sorgenstadt

An das Amtsgericht
- Insolvenzgericht –
Wunderland

Sorgenstadt, den 10.092015

**Aktenzeichen: 456 IK 123/15**

Sehr geehrte Damen und Herren,

heute wurde mir Ihr Beschluss vom 30.08.2015 zugestellt, mit dem Sie aussprechen, dass mir die Restschuldbefreiung versagt werden soll!

Gegen diesen Beschluss lege ich hiermit <u>sofortige Beschwerde</u> ein!
Ich habe mir im Verfahren nichts zuschulden kommen lassen, ein Versagungsgrund wurde nicht erfüllt und die Entscheidung ist damit völlig unrechtmäßig. Auf den Antrag des Gläubigers Hans Grummel hin wurde einfach die Versagung der Restschuldbefreiung ausgesprochen, ohne sorgfältig zu prüfen, ob tatsächlich ein Versagungsgrund gegeben ist.
<u>Ich bitte daher um nochmalige Prüfung und Zulassung zum Restschuldbefreiungsverfahren!</u>

Mit freundlichen Grüßen

Beate Ohnemoos

## Stichworte + Rechtsprechung A- Z

[AG = Amtsgericht, LG = Landgericht, OLG = Oberlandesgericht, BHG = Bundesgerichtshof (höchste Instanz, an dessen Entscheidungen müssen sich die Amtsgerichte halten); Beschl. = Beschluss ; Urt. = Urteil]

### Abtretungserklärung, §287 InsO

Mit dem Insolvenzantrag gibst du automatisch eine Abtretungserklärung für deine pfändbaren Einkommensanteile ab.

Ohne diese Abtretungserklärung ist dein Insolvenzantrag unzulässig!

Die Abtretungserklärung ist in §287 InsO geregelt und bestimmt mit der Laufzeit (6 Jahre) zugleich die Gesamtdauer des Verfahrens ab Eröffnung. Sie ist ein Kernstück des Insolvenzverfahrens, da davon ausgegangen wird, dass mit deinem pfändbaren Arbeitseinkommen zumindest ein Teilausgleich deiner Verbindlichkeiten, gleichmäßig verteilt an alle Gläubiger, erfolgen kann.

Zugleich ergibt sich hieraus eine deiner Hauptpflichten im Insolvenzverfahren: die Pflicht, einer angemessenen Erwerbstätigkeit nachzugehen bzw. dich um eine solche zu bemühen, um überhaupt pfändbares Einkommen zu ermöglichen:

### § 287b InsO Erwerbsobliegenheit des Schuldners

Ab Beginn der Abtretungsfrist bis zur Beendigung des Insolvenzverfahrens obliegt es dem Schuldner, eine angemessene Erwerbstätigkeit auszuüben und, wenn er ohne Beschäftigung ist, sich um eine solche zu bemühen und keine zumutbare Tätigkeit abzulehnen.

Aus dieser Erwerbspflicht ergeben sich wiederum insolvenzrechtliche Pflichten in deinem Arbeitsverhältnis (s. unten).

Einige der in der Praxis am häufigsten vorkommenden Gründe für die Versagung der Restschuldbefreiung hängen mit deiner Erwerbspflicht und der Abtretung deines pfändbaren Einkommens zusammen. **Daher musst du hierauf auch besonders achten!**

Mit Ablauf der Abtretungserklärung endet aber auch auf jeden Fall der Insolvenzbeschlag:

→ „Nach Erteilung der Restschuldbefreiung im andauernden Insolvenzverfahren entfällt der Insolvenzbeschlag für den Neuerwerb ab dem Zeitpunkt des Ablaufs der Abtretungserklärung, auch wenn er von dieser nicht umfasst wäre." [BGH, Beschl. v. 13.2.2014, Az. IS ZB 23/13]

## Anfechtung

Der Insolvenzverwalter kann gem. §§129ff. InsO Vermögensübertragungen (Zahlungen, Schenkungen, etc.) aus dem Vorfeld des Insolvenzverfahrens durch Erklärung der Anfechtung und notfalls durch Anfechtungsklage rückgängig machen.

> **§ 129 InsO Grundsatz**
>
> (1) Rechtshandlungen, die vor der Eröffnung des Insolvenzverfahrens vorgenommen worden sind und die Insolvenzgläubiger benachteiligen, kann der Insolvenzverwalter nach Maßgabe der §§ 130bis 146 anfechten.
>
> (2) Eine Unterlassung steht einer Rechtshandlung gleich.

Dies passiert in der Praxis häufig bei <u>Grundstücksübertragungen innerhalb der Familie</u>, um z.B. das Elternhaus zu erhalten, oder Anfechtung der <u>Rückzahlung von Privat-Darlehen</u>, durch die Familienmitglieder, Partner oder Freunde aus dem Insolvenzverfahren heraus gehalten werden sollten.

<u>Die mögliche Anfechtbarkeit</u> von Verfügungen, die du zu einer Zeit getätigt hast, als du andere Zahlungen schon nicht mehr leisten konntest, <u>sollte in jedem Fall **vor dem Antrag** auf Eröffnung des Insolvenzverfahrens mit Hilfe deines Rechtsanwalts / deiner Schuldnerberatungsstelle geprüft werden, um böse Überraschungen und Streit in der Familie zu vermeiden</u>!

Hast du vor der Insolvenz versucht, das Verfahren durch Ratenzahlungen an deine Gläubiger zu vermeiden, kann auch dies zur Anfechtung führen:

→ **Ratenzahlungen nach Zwangsvollstreckung:**

„Teilzahlungen des Schuldners, die dieser nach fruchtloser Zwangsvollstreckung im Rahmen einer vom Gerichtsvollzieher herbeigeführten Ratenzahlungsvereinbarung erbringt, sind [...] anfechtbar."

[BGH, Urteil v. 10.12.2009, Az.: IX ZR 128/08]

! Das bedeutet konkret, dass der Insolvenzverwalter auch Ratenzahlungen, die du vor deinem Insolvenzantrag noch geleistet hast, rückgängig machen und die Beträge zur Insolvenzmasse ziehen kann!

## Arbeitsverhältnis:

Wie oben („Abtretungserklärung") erläutert, ist deine Arbeit bzw. dein Bemühen um Arbeit ein gesetzlich gewolltes Kernstück des Insolvenzverfahrens.

Dein Arbeitsverhältnis besteht bei Eröffnung des Verbraucherinsolvenzverfahrens unverändert fort. <u>Weder der Insolvenzverwalter noch der Arbeitgeber sind berechtigt, das Arbeitsverhältnis wegen der Insolvenz zu kündigen.</u>

Innerhalb des laufenden Arbeitsverhältnisses ergeben sich aufgrund deiner insolvenzrechtlichen Pflichten aber einige Besonderheiten:

→ **Verwertbarkeit einer Abfindung**

„Der in einem gerichtlichen Vergleich zum Abschluss eines Kündigungsschutzprozesses während eines laufenden Insolvenzverfahrens vom Insolvenzschuldner erworbene Anspruch auf Zahlung einer Abfindung unterfällt als Neuerwerb dem Insolvenzbeschlag, §35 Abs. 1 Nr. 2 InsO."

[Bundesarbeitsgericht, Beschl. v. 12.8.2014, Az. 10 AZB 8/14]

→ **Änderung des Arbeitsvertrags:**

„Ein Arbeitnehmer, der sich im Verbraucherinsolvenzverfahren befindet, darf ohne Zustimmung des Insolvenzverwalters einer Änderungskündigung zustimmen, auch wenn sich dadurch der pfändbare Teil seines Arbeitseinkommens verringert. Dies gilt zumindest dann, wenn die Änderung der Vergütung direkte Folge der Änderung des Arbeitsverhältnisses [...] ist und nicht einziges Ziel der Änderung." [LAG Düsseldorf, Urteil v. 21.09.2011, Az.: 12 Sa 964/11]

→ **Arbeitgeberwechsel, weniger Lohn:**

„Wechselt der Schuldner zu einem schlechter zahlenden Arbeitgeber, so verstößt er hierdurch gegen die Erwerbsobliegenheit gem. §295 Abs. 1 Nr. 1 InsO" [LG Hamburg, Beschl. v. 6.1.2015, Az. 326 T 112/13]

→ **verschleiertes Arbeitseinkommen:**

„Leistet der Insolvenzschuldner einem Dritten in einem ständigen Verhältnis Arbeiten gegen eine unverhältnismäßig geringe Vergütung, kann der Insolvenzverwalter [...] fiktives Arbeitseinkommen zur Masse ziehen." [Bundesarbeitsgericht, Urt. v. 12.3.2008, Az.: 10 AZR 148/07]

! Das bedeutet für dich, dass du erst gar nicht versuchen solltest, die Abführung pfändbarer Beträge zu umgehen, indem du z.B. bei einem Verwandten „offiziell" wenig verdienst. Der Insolvenzverwalter wird dann trotzdem fiktives pfändbare Einkommen anfordern!

→ **Erwerbsobliegenheit bei pflegebedürftigen Angehörigen:**

„Das *jederzeitige Bereitstehen* für einen eventuellen Pflegeeinsatz bei behinderten Angehörigen ("Pflege auf Abruf") ist kein Umstand, der die generelle Erwerbsobliegenheit volljähriger, sich im arbeitsfähigen Alter befindender Personen entfallen lässt. [BFH, Urt. v. 15. April 2015, Az.: VI R 5/14]

## Austauschpfändung

Findet der Insolvenzverwalter in deinem Eigentum stehende Gegenstände vor, die zwar grundsätzlich unpfändbar, aber zugleich auch besonders wertvoll sind, kann er diese verwerten, wenn er dir stattdessen diese Gegenstände in „einfacherer Ausführung", also gleich tauglich, aber von geringerem Wert zur Verfügung stellt.

In der Praxis betrifft das z.B. Smartphones, Laptops, Fernseher, Autos, etc. wenn diese hoch- oder neuwertig sind und noch hohe Marktpreise erzielen. Der Insolvenzverwalter muss dabei aber bestimmte Regeln beachten, damit die Austausch-Gegenstände auch länger für die Verwendung tauglich sind:

→ „Eine Austauschpfändung eines PKW ist nur zulässig, wenn das Ersatzstück eine annähernd die gleiche Haltbarkeit und Lebensdauer wie das gepfändete Fahrzeug hat. [BGH, Beschl. v. 16.06.2011, Az.: VII ZB 114/09]

## Bemühen um Erwerbstätigkeit

Wie oben („Arbeitsverhältnis") beschrieben, ist deine Berufstätigkeit bzw. dein Bemühen als solches ein wichtiger Kernpunkt des Insolvenzverfahrens und gesetzlich vorgesehene Voraussetzung für die Erteilung der Restschuldbefreiung. Dein Insolvenzverwalter wird also hierauf besonders achten und immer wieder Informationen dazu anfordern.

Gehst du keiner Erwerbstätigkeit nach, obwohl zumutbare Stellen vorhanden sind, und weisen deine Gläubiger dies nach, kann die Restschuldbefreiung versagt werden. An dieser Stelle besteht naturgemäß besonderes **Konfliktpotential im Verfahren**, insbesondere wenn du Gläubiger hast, die deine nicht bezahlten Schulden besonders persönlich nehmen und die Erfüllung deiner Pflichten besonders aktiv hinterfragen.

Dabei musst du vor allem beachten, dass das Insolvenzrecht teilweise strenger ist, als z.B. auch die Anforderungen des Arbeitsamts im Rahmen einer „Eingliederungsvereinbarung":

→ „Die unbestimmten Rechtsbegriffe der „angemessenen Erwerbstätigkeit" und der „zumutbaren Tätigkeit" sind nicht in Anlehnung an das Unterhaltsrecht und das Sozialrecht auszulegen." [BGH, Beschl. v. 13.9.2012, Az.: IX ZB 191/11]

→ „Zu der Obliegenheit des Schuldners, sich um eine angemessene Beschäftigung zu bemühen, gehört es, sich im Regelfall bei der Bundesagentur für Arbeit arbeitssuchend zu melden und laufend Kontakt zu den dort für ihn zuständigen Mitarbeitern zu halten. Weiter muss er sich selbst aktiv und ernsthaft um eine Arbeitsstelle bemühen, etwa durch stetige Lektüre einschlägiger Stellenanzeigen und durch entsprechende Bewerbungen. Als ungefähre Richtgröße können zwei bis drei Bewerbungen in der Woche gelten, sofern entsprechende Stellen angeboten werden. Der Schuldner wird dem Bemühen um eine Arbeitsstelle nicht gerecht, wenn er durchschnittlich alle drei Monate eine Bewerbung abgibt, sonst aber keine Aktivitäten entfaltet. [BGH, Beschl. v. 19. Mai 2011, Az.: IX ZB 224/09]

Hast du Kinder unter 3 und bis zu 10 Jahren im Haushalt, die du betreuen musst, gilt die Arbeitspflicht im Insolvenzverfahren nur eingeschränkt, weil die Kindesbetreuung zunächst vorgeht. Können die Kinder jedoch durch einen Partner oder ausreichende Betreuungsmöglichkeiten vor Ort anderweitig versorgt werden, kannst du dich nicht einfach darauf berufen, wegen der Kinder daheim bleiben zu müssen. Hier empfiehlt sich eine enge Abstimmung mit dem Insolvenzverwalter, um Versagungsanträge deiner Gläubiger zu vermeiden.

## Beschlagnahme / Insolvenzbeschlag

Gem. §80 Abs. 1 InsO tritt mit Eröffnung des Verfahrens die Beschlagnahme des Vermögens des Insolvenzschuldners ein. Du bleibst zwar Eigentümer der zur Insolvenzmasse gehörenden Gegenstände, darfst aber über diese nicht mehr verfügen.

Der Insolvenzverwalter ist verpflichtet, das beschlagnahmte pfändbare Vermögen zugunsten der Insolvenzmasse zu verwerten.

> **§80 InsO Übergang des Verwaltungs- und Verfügungsrechts**
>
> (1) Durch die Eröffnung des Insolvenzverfahrens geht das Recht des Schuldners, das zur Insolvenzmasse gehörende Vermögen zu verwalten und über es zu verfügen, auf den Insolvenzverwalter über.

Die Beschlagnahme entet mit der Aufhebung des Verfahrens, es sei denn es wurde Nachtragsverteilung angeordnet. D.h. dass du nach Aufhebung wieder frei über dein Eigentum verfügen kannst.

### Erbschaft

Fällt für dich im Laufe der 6 Jahre eine Erbschaft an, ist dies ein Vermögenswert, der grundsätzlich für die Insolvenzmasse beansprucht werden kann.

Im eröffneten Verfahren stellt eine Erbschaft sog. „Neuerwerb" dar und fällt voll unter den Insolvenzbeschlag, in der Wohlverhaltensphase bist du verpflichtet, den halben Wert des Erbes an den Treuhänder zu zahlen.

Wichtig für dich zu wissen ist, dass dir das höchstpersönliche Recht zur Ausschlagung trotz des Insolvenzverfahrens noch zusteht. Du bist also nicht verpflichtet, ein Erbe zugunsten der Insolvenzmasse anzutreten! Dir darf nicht die Restschuldbefreiung versagt werden, wenn du ein Erbe ausschlägst oder einen Pflichtteilsanspruch nicht geltend machst [BGH, Beschl. v. 10.3.2011, Az.: IX ZB 168/09].

→ **Obliegenheiten bei Erbe in der Wohlverhaltensphase:**

> „Im Erbfall besteht eine Verpflichtung des Schuldners zur Anzeige der Erbschaft. Diese Verpflichtung setzt ein, wenn die Erbschaft angenommen ist bzw. nicht mehr ausgeschlagen werden kann. Ein Schuldner muss die Verpflichtung durch aktives Tun erfüllen. Er ist zur Verwertung [...] und Auszahlung [...] verpflichtet." [AG Göttingen, Beschl. v. 15.01.2015, Az. 74 IN 94/10]

→ **Pflichtteilsanspruch:**

Ein Pflichtteilsanspruch entsteht grundsätzlich mit Eintritt des Erbfalls, §§ 2317 Abs. 1, 1922 Abs. 1 BGB. Dementsprechend fällt der Anspruch bei Erbfall vor Aufhebung des Insolvenzverfahrens voll und nach Beginn der Wohlverhaltensperiode zur Hälfte in die Insolvenzmasse.

Wird der Pflichtteilsanspruch erst nach Aufhebung des Verfahrens geltend gemacht, auch wenn er vorher entstanden ist, kann die Nachtragsverteilung gem. §203 Abs. 1 InsO zur vollen Verwertung des Pflichtteils angeordnet werden.

Dies gilt auch, wenn der Pflichtteil während der Wohlverhaltensphase entstanden ist, aber erst nach Erteilung der Restschuldbefreiung geltend gemacht wird.

## Haftung des Insolvenzverwalters

Macht dein Insolvenzverwalter im Verfahren grobe Fehler und sind diese ihm als schuldhafte Verletzung seiner Pflichten vorzuwerfen, kann er auch in Haftung genommen und zu Schadensersatz verpflichtet werden:

→ Gem. §§60, 61 InsO haftet der Insolvenzverwalter allen Beteiligten auf Schadensersatz, wenn er schuldhaft seine insolvenzrechtlichen Pflichten verletzt. Er muss bei seinem Handeln die „Sorgfalt eines ordentlichen und gewissenhaften Insolvenzverwalters" beachten. [Bundesarbeitsgericht, Urteil v. 25.1.2007, Az. 6 AZR 559/06]

→ Der Treuhänder haftet nicht nur den Gläubigern gegenüber, sondern auch dem Schuldner auf Schadensersatz, z.B.:

„Der Treuhänder darf keine unpfändbaren Bezüge einziehen."

[BGH, Beschl. v. 10.07.2008, Az.: IX ZR 118/07]

## Mietverhältnis

Dein Mietverhältnis genießt bei Eröffnung des Insolvenzverfahrens besonderen Schutz: anders als andere Vertragsverhältnisse, bei denen dein Insolvenzverwalter entscheiden kann, ob er sie kündigt oder nicht, darf er den Mietvertrag für deine Wohnung nicht kündigen, §109 Abs. 1 InsO.

Auch dein Vermieter darf wegen bestehenden Mietrückständen nach Eröffnung des Insolvenzverfahrens das Mietverhältnis zunächst nicht kündigen, §112 InsO.

---

**§112 InsO Kündigungssperre**

Ein Miet- oder Pachtverhältnis, das der Schuldner als Mieter oder Pächter eingegangen war, kann der andere Teil nach dem Antrag auf Eröffnung des Insolvenzverfahrens nicht kündigen:

1. wegen eines Verzugs mit der Entrichtung der Miete oder Pacht, der in der Zeit vor dem Eröffnungsantrag eingetreten ist;

2. wegen einer Verschlechterung der Vermögensverhältnisse des Schuldners.

---

<u>Dieser Kündigungsschutz gilt aber nicht zeitlich unbeschränkt!</u>

Dein Insolvenzverwalter gibt direkt am Anfang des Verfahrens eine sog. **„Enthaftungserklärung"** gem. §109 InsO gegenüber deinem Vermieter ab, um zu verhindern, dass ab dann auflaufende Mietrückstände gegenüber der Insolvenzmasse geltend gemacht werden können.

---

**§109 InsO Schuldner als Mieter oder Pächter**

(1) [...]Ist Gegenstand des Mietverhältnisses die <u>Wohnung des Schuldners</u>, so tritt an die Stelle der Kündigung das Recht des Insolvenzverwalters zu erklären, dass Ansprüche [...]nicht im Insolvenzverfahren geltend gemacht werden können.

Und nach dieser Enthaftungserklärung fällt nach einem Urteil des Bundesgerichtshofs auch die Kündigungssperre weg:

→ „Die Kündigungssperre des §112 InsO gilt nach Wirksamwerden der Enthaftungserklärung des Insolvenzverwalters weder im Insolvenzverfahren noch in dem sich daran anschließenden Restschuldbefreiungsverfahren. Nach Wirksamwerden der Enthaftungserklärung [...] sind rückständige Mieten, mit deren Zahlung der Mieter bereits vor Insolvenzantragsstellung in Verzug geraten war, bei der Beurteilung der Wirksamkeit einer [...] fristlosen Kündigung des Vermieters zu berücksichtigen. Der Verzug des Mieters mit der Entrichtung der Miete endet nicht mit der Insolvenzeröffnung." [BGH, Urt. v. 17.6.2015, Az.: VIII ZR 19/14]

Hast du zu Beginn deines Insolvenzverfahrens also Mietschulden, gewinnst du durch die zunächst eintretende Kündigungssperre zwar etwas Zeit. Du musst dich aber auch – im Zweifel mit Hilfe deiner Schuldnerberatungsstelle - tatsächlich um die zeitnahe Begleichung kümmern, damit dein Vermieter sein Kündigungsrecht verliert!

Ich habe in der Praxis schon oft erlebt, dass Insolvenzschuldner versuchen, dies z.B. durch Verrechnung mit der Mietkaution zu regeln. Dies ist aber im Insolvenzverfahren nicht erlaubt! Auch hinsichtlich einer Mietkaution (Geld-Vermögen) hast du mit Eröffnung des Insolvenzverfahrens dein Verfügungsrecht verloren! **Vereinbarst du also im laufenden Insolvenzverfahren die Verrechnung der Kaution mit Mietrückständen oder laufenden Mieten, verfügst du unberechtigt über einen Vermögenswert!** Werden der Insolvenzmasse dadurch Einnahmen vorenthalten, **gefährdest du deine Restschuldbefreiung**.

## Nachtragsverteilung

Wie oben erläutert, hat der Insolvenzverwalter mit Anordnung der Nachtragsverteilung die Möglichkeit, auch zu einem späteren Zeitpunkt deines Verfahrens noch Vermögenswerte zur Insolvenzmasse zu ziehen, wenn er dies beantragt.

Das Insolvenzgericht wird dies insbesondere bewilligen, wenn in deinem Verfahren durch die bisherigen Einnahmen nicht einmal die Verfahrenskosten (Gericht + Insolvenzverwalter) gedeckt sind.

→ „Die Anordnung der Nachtragsverteilung ist auch im Anschluss an die Einstellung des Insolvenzverfahrens aufgrund des Fehlens einer die Verfahrenskosten deckenden Masse zulässig." [BGH, Beschl. v. 10.10.2013, Az.: IX ZB 40/13]

Hat dein Insolvenzverwalter dir aber einmal ausdrücklich die Freigabe hinsichtlich eines deiner Vermögensgegenstände erteilt, kann er diesbezüglich später nicht mehr eine Nachtragsverteilung verlangen:

→ Verkauf eines <u>freigegebenen Gegenstands</u>:

„Der Nachtragsverteilung unterliegen keine Gegenstände, die der Insolvenzverwalter freigegeben hat. Ebenso wenig unterliegt der Veräußerungserlös für einen freigegebenen Gegenstand, der nach Aufhebung des Insolvenzverfahrens verkauft worden ist, der Nachtragsverteilung." [BGH, Beschl. v. 3.4.2014, Az. IX ZA 5/14]

Wurde die Nachtragsverteilung angeordnet und du ignorierst dies und enthältst der Insolvenzmasse dadurch Einnahmen vor, kann dies im schlimmsten Fall zu einer Versagung der Restschuldbefreiung führen:

→ „Wird die Nachtragsverteilung vorbehalten, ist der bisherige Insolvenzverwalter insoweit auch nach Aufhebung des Verfahrens befugt, für den Schuldner als Gläubiger in einem Restschuldbefreiungsverfahren einen Versagungsantrag zu stellen." [ BGH, Beschl. v. 18. Juni 2015, Az.: IX ZB 86/12 ]

## pfändbares Einkommen

Wie oben beschrieben, werden die **pfändbaren Anteile deines Arbeitseinkommens** vom Insolvenzverwalter beansprucht und einkassiert. Deswegen musst du immer deinen aktuellen Arbeitgeber bei dem Treuhänder angeben, damit dieser veranlassen kann, dass das pfändbare Einkommen an die Insolvenzmasse fließt. Es ist dann die Pflicht deines Arbeitgebers, die pfändbaren Anteile zu berechnen und an den Insolvenzverwalter abzuführen. Und es ist dein Risiko, dass der Insolvenzmasse dabei keine pfändbaren Beträge vorenthalten werden. Aber der Insolvenzverwalter muss dies zumindest stichpunktartig prüfen und darauf achten, dass das pfändungsfreie Einkommen bei dir verbleibt:

→ **BGH, Beschluss vom 10.07.2008, Az.: IX ZB 172/07:**

„Den Treuhänder/Insolvenzverwalter trifft die Pflicht, dafür Sorge zu tragen, dass dem Schuldner ein Betrag in Höhe der Pfändungsfreigrenze verbleibt."

Die Pflicht ist haftungsbewährt, §60 InsO, d.h. du kannst einen Schadensersatzanspruch gegen den Insolvenzverwalter wegen der Ausschüttung von unpfändbarem Vermögen erwirken!

Wenn du berufstätig bist, hängt es von deinen Unterhaltspflichten ab, ob und welcher Teil deines Lohns gepfändet werden kann.

Dies ist wiederum gesetzlich fest vorgegeben, die entsprechende **Pfändungstabelle** kannst du leicht im Internet finden.

Aktuell gelten folgende **Freigrenzen**, bis zu denen kein Anteil deines Netto-Einkommens abgeführt werden muss:

| | |
|---|---|
| 0 Unterhaltspflichten | 1.079,99 € |
| 1 Unterhaltspflicht | 1.479,99 € |
| 2 Unterhaltspflichten | 1.709,99 € |
| 3 Unterhaltspflichten | 1.929,99 € |
| 4 Unterhaltspflichten | 2.159,99 € |
| ab 5 Unterhaltspflichten | 2.379,99 € |

**pfändbares Einkommen bei <u>Arbeitsstelle im Ausland</u>:**

→ „Die Berechnung des pfändbaren Anteils eines [im Ausland] erzielten Einkommens des Schuldners richtet sich nach deutschem Recht; maßgebend ist mithin [...] die deutsche Pfändungstabelle. Dies gilt unabhängig davon, ob dem Schuldner hieraus Vor- oder Nachteile erwachsen." [LG Passau, Urt. v. 16.1.2014, Az. 1 O 721/13]

## PKW / Fahrzeuge

Oft ist der PKW der einzige Gegenstand von größerem Wert, den ein Insolvenzschuldner zu Beginn des Verfahrens noch besitzt. Grundsätzlich kann der Insolvenzverwalter auch dein Auto verwerten, wenn du Eigentümer bist und es nicht besonders pfändungsgeschützt ist, weil du tatsächlich auf die Nutzung angewiesen bist. Im Zweifel musst du belegen, warum das Fahrzeug nicht pfändbar ist und einen Antrag auf Nichtverwertbarkeit stellen.

Dies kann z.B. der Fall sein, wenn du gehbehindert bist:

→ „Der Pkw eines gehbehinderten Schuldners unterliegt nicht der Pfändung, wenn die Benutzung des Pkw erforderlich ist, um die Gehbehinderung teilweise zu kompensieren und die Eingliederung des Schuldners in das öffentliche Leben wesentlich zu erleichtern."[BGH, Beschl. v. 16. Juni 2011, Az.: VII ZB 12/09]

Ist dein Auto noch recht neu und hat einen hohen Marktwert, kommt trotz Pfändungsschutz die sog. Austauschpfändung (siehe dort) in Betracht.

Bist du oder dein/e Ehemann/Ehefrau auf das Fahrzeug zur Ausübung der beruflichen Tätigkeit angewiesen, greift Pfändungsschutz:

→ „Unpfändbar sind auch die Gegenstände des Schuldners, die sein Ehegatte zur Fortsetzung einer Erwerbstätigkeit benötigt. Zur Fortsetzung der Erwerbstätigkeit erforderliche Gegenstände können auch Kraftfahrzeuge sein, die ein Arbeitnehmer für die täglichen Fahrten von seiner Wohnung zu seinem Arbeitsplatz und zurück benötigt. [BGH, Beschl. v. 28. Januar 2010, Az.: VII ZB 16/09]

Häufig ist zwar ein PKW vorhanden, aber über das Autohaus finanziert oder geleast worden, steht also noch gar nicht in deinem endgültigen Eigentum, weil du noch nicht alle Raten vollständig gezahlt hast oder im Fall von Leasing das Fahrzeug sogar nur zur Nutzung gegen Zahlung der Leasinggebühren überlassen ist.

Dann gelten besondere Regeln:

→ Noch nicht vollständig erfüllter <u>Finanzierungsvertrag</u>: das Auto ist bei Finanzierungen über die Autobank in der Regel an diese Bank sicherungsübereignet. Dann ist die Autobank absonderungsberechtigt, aber der Insolvenzverwalter hat das Verwertungsrecht, §166 InsO.

Der Insolvenzverwalter wird das Fahrzeug dann nur verwerten, wenn er einen Erlös erzielen kann, der über den noch offenen Restbetrag der Finanzierungssumme hinausgeht.

Oft ist der PKW aber gar nicht mehr so viel wert, wie du noch bezahlen musst. Dann wird der Insolvenzverwalter auf die Verwertung verzichten und du kannst mit der Autobank vereinbaren, den Vertrag noch zu erfüllen.

Ist dein PKW noch recht viel wert und will der Insolvenzverwalter ihn verwerten, kannst du in vielen Fällen auch mit ihm vereinbaren, dass er den PKW <u>gegen Zahlung eines Ablösebetrages aus der Insolvenzmasse freigibt</u>, so dass du ihn weiter nutzen kannst.

Im Falle von <u>Leasing</u> kann <u>der Insolvenzverwalter den PKW zwar nicht verwerten</u>, aber er kann den Vertrag kündigen. Dann musst du mit dem Autohaus verhandeln, ob du den PKW auf Basis eines neuen Vertrags weiter nutzen kannst.

Ein weiteres Problem ist oft die **KFZ-Steuer**:

Hattest du für ein altes Fahrzeug Steuerschulden, die mit in das Insolvenzverfahren eingeflossen sind, und möchtest später ein anderes Fahrzeug zulassen, wird dies – auch bei erteilter Restschuldbefreiung – nur möglich sein, wenn du die Steuerschulden bezahlst. Zwar kann die alte KFZ-Steuerschuld nicht mehr im Wege der Zwangsvollstreckung beigetrieben werden, aber da die Schulden nicht erlöschen, kann dir eine Neuanmeldung verweigert werden.

Hast du deine KFZ-Steuer (wie vorgesehen für das gesamte Jahr im Voraus) bereits bezahlt, wird der Betrag auf die Zeit vor und nach Eröffnung des Insolvenzverfahrens aufgeteilt. Das kann dazu führen, dass der Insolvenzverwalter einen Teil ausbezahlt bekommt und du die Steuer noch einmal zahlen musst, um keine Zwangsabmeldung deines Fahrzeugs zu riskieren.

Insgesamt ist das Thema „PKW in der Insolvenz" sehr vielschichtig und kann daher im vorliegenden Buch nicht umfassend dargestellt werden (vgl. Band 7 „Auto, Versicherungen, Vermögen und Verwertung").

## Restschuldbefreiung

Die Erteilung der Restschuldbefreiung ist dein Hauptziel und oft – neben der grundsätzlichen Schuldenregulierung - der wichtigste Grund, das Insolvenzverfahren überhaupt auf sich zu nehmen.

Bei Ablauf der Abtretungserklärung muss über die Erteilung der Restschuldbefreiung entschieden werden:

→ „Über den Antrag auf Restschuldbefreiung ist nach Ende der Laufzeit der Abtretungserklärung von Amts wegen zu entscheiden." [BGH Beschl. vom 3. Dezember 2009, Az.: IX ZB 247/08]

Erfüllst du deine Pflichten im Verfahren ordnungsgemäß, steht der Erteilung der Restschuldbefreiung mit Wirkung gegen deine Gläubiger nichts entgegen.

Die Gläubiger müssen die Restschuldbefreiung gegen sich wirken lassen, auch wenn in den Vertragsbedingungen vielleicht etwas anderes geregelt war:

→ „Der vollständige oder teilweise Verzicht auf die Wirkungen der Restschuldbefreiung in Allgemeinen Geschäftsbedingungen ist unwirksam. [BHG Urt. vom 25.06.2015, Az.: IX ZR 199/14]

Selbst wenn du gegen Pflichten im Verfahren verstoßen hast, können nicht alle Gläubiger erfolgreich einen Antrag auf Versagung der Restschuldbefreiung stellen:

→ „Ein Gläubiger, der seine <u>Forderung nicht zur Tabelle angemeldet</u> hat, ist generell nicht befugt, einen Antrag auf Versagung der Restschuldbefreiung zu stellen." [BGH, Beschl. v. 20.11.2014, Az. IX ZB 56/13]

## Sparen

Viele Insolvenzschuldner wollen nach ihren bedrückenden Erfahrungen mit den nicht mehr zu bewältigenden Schulden so schnell wie möglich nicht nur ihre Schulden los werden, sondern auch wieder anfangen, Geld beiseite zu legen, sei es für Notfälle oder später notwendige Anschaffungen.

Dabei musst du aber beachten, dass im eröffneten Verfahren solches Sparvermögen, dass du vielleicht mühsam aus deinem pfändungsfreien Einkommen „abzwackst", letztlich auch beim Insolvenzverwalter landen kann und dir dann wieder nicht zur Verfügung steht:

→ „Vermögen, das der Schuldner nach der Verfahrenseröffnung aus pfändungsfreiem Arbeitseinkommen angespart und auf ein Konto eingezahlt hat, unterliegt dem Insolvenzbeschlag." [BGH, Beschl. v. 26.9.2013, Az.: IX ZB 247/11]

Das bedeutet für dich, dass du erst in der Wohlverhaltensphase wieder Rücklagen zusammensparen kannst, auf die der Insolvenzverwalter keinen Zugriff hat.

## Steuererklärung / -Erstattung

Das Thema „Steuern" ist für viele Insolvenzschuldner (und auch für viele andere) ein Buch mit sieben Siegeln. Viele sind jedes Jahr aufs Neue mit der Erstellung ihrer Einkommensteuer-Erklärung überfordert und machen dies noch weniger gern, wenn eine Rückerstattung letztlich nicht einmal bei ihnen, sondern beim Insolvenzverwalter landet.

Allerdings bist du im Insolvenzverfahren zur Mitwirkung verpflichtet, d.h. du musst auch die Unterlagen für die Steuererklärung zur Verfügung stellen, damit der Insolvenzverwalter ein mögliches Guthaben realisieren kann. Dies kommt letztlich auch dir selber zugute, wenn dadurch zumindest deine Verfahrenskosten gedeckt werden können oder sogar eine Verteilung an die Gläubiger erfolgen kann.

Hattest du vor Insolvenzeröffnung Steuerschulden, werden diese von der Restschuldbefreiung umfasst, es sei denn, du wurdest wegen einer Steuerstraftat verurteilt.

Weist ein Steuer-Bescheid für den Zeitraum nach Insolvenzeröffnung offene Steuerforderungen aus, so bist grundsätzlich du verpflichtet, diese auch zu zahlen.

Im eröffneten Verfahren gehören Steuer-Erstattungen, die dann anfallen, als sog. „Neuerwerb" zur Insolvenzmasse und müssen an den Insolvenzverwalter abgeführt werden. In der Wohlverhaltensphase kannst du über diese Erstattungsbeträge wieder verfügen, es sei denn es wurde diesbezüglich Nachtragsverteilung angeordnet.

Wichtig ist, dass du auch bei der Steuer nichts tust, was Einnahmen im Insolvenzverfahren gefährdet:

→ „Wählt der verheiratete Schuldner ohne einen sachlichen Grund die Steuerklasse V, kann dies einen Verstoß gegen die Erwerbsobliegenheit darstellen." [BGH, Beschl. vom 5. März 2009, Az.: IX ZB 2/07]

Dies gilt umso mehr, wenn dir die Stundung der Verfahrenskosten bewilligt wurde und die Verfahrenskosten durch die weiteren Einnahmen nicht gedeckt sind:

→ „Der Schuldner ist [...] verpflichtet, seine Steuerklasse so zu wählen, dass sein pfändbares Einkommen nicht zum Nachteil der Gläubiger und der Staatskasse auf Null reduziert wird. Hat er ohne einen sachlichen Grund die Steuerklasse V gewählt, um seinem nicht insolventen Ehegatten die Vorteile der Steuerklasse III zukommen zu lassen, ist ihm in Hinblick auf die Verfahrenskostenstundung zuzumuten, in die Steuerklasse IV zu wechseln, um sein liquides Einkommen zu erhöhen. Der Schuldner muss sich bei der Verfahrenskostenstundung so behandeln lassen, als hätte er keine die Staatskasse benachteiligende Steuerklassenwahl getroffen." [BGH, Beschl. vom 3. Juli 2008, Az.: IX ZB 65/07]

## Unterhaltspflichten

Im Insolvenzverfahren werden bei der Berechnung des pfändbaren Einkommens, genau wie in der Einzelzwangsvollstreckung, deine gesetzlichen Unterhaltspflichten berücksichtigt, sofern du sie tatsächlich bedienst, d.h. Bar- oder Natural-Unterhalt leistest.

Hat ein Unterhaltsberechtigter eigenes Einkommen, kann der Insolvenzverwalter den Antrag stellen, dass diese Person (teilweise) bei deinen Unterhaltspflichten nicht mehr berücksichtig und deshalb mehr pfändbares Einkommen abgeführt wird.

Du kannst allerdings auch einen Antrag auf Erhöhung der Pfändungsfreigrenze stellen, wenn du tatsächlich mehr Unterhaltspflichten hast als bislang berücksichtigt werden.

Lange Zeit war dabei umstritten, ob auch nichteheliche Partner zu berücksichtigen sind.

→ **Berücksichtigung von Unterhaltspflichten bei einer Bedarfsgemeinschaft:**

> „Lebt der Schuldner mit mehreren Personen in einer Bedarfsgemeinschaft, so sind hieraus resultierende faktische Unterhaltspflichten bei der Berechnung seines pfändbaren Einkommens zu berücksichtigen" [LG Essen, Beschl. v. 4.9.2014, Az. 7 T 285/14]

Die allgemeinen Pfändungsfreigrenzen habe ich dir unter dem Stichwort „pfändbares Einkommen" bereits aufgelistet.

## Verfahrenskostenstundung

Ein Insolvenzverfahren kostet Geld: es müssen Gerichtsgebühren bezahlt werden und der Insolvenzverwalter hat ebenfalls einen gesetzlichen Anspruch auf Vergütung. Das Insolvenzgericht fordert daher vor Eröffnung des Verfahrens normalerweise einen Verfahrenskosten-Vorschuss an.

Du hast das Verfahren ja selber beantragt, um die Restschuldbefreiung zu erhalten, deshalb musst du natürlich grundsätzlich auch die Kosten dafür tragen.

Kannst du die Verfahrenskosten nicht zahlen, gibt es – wie im allgemeinen Gerichtsverfahren die Prozesskostenhilfe – die Möglichkeit, die Verfahrenskosten zunächst einmal nicht zahlen zu müssen.

Oft ist ein Insolvenzantrag daher mit einem „Antrag auf Verfahrenskostenstundung gem. §4a InsO" verbunden.

Die Verfahrenskostenstundung wird in vielen Fällen auch unproblematisch bewilligt und die Gebühren werden dann zunächst durch die Staatskasse bezahlt.

Das Gericht prüft aber während der 6-jährigen Laufzeit des Verfahrens und im Anschluss noch weitere 4 Jahre immer wieder, ob sich deine Einkommensverhältnisse so gebessert haben, dass du die Kosten zumindest in Raten zahlen kannst.

Ist von Anfang an absehbar, dass dir die Restschuldbefreiung wegen eindeutiger Versagungsgründe gar nicht erteilt werden kann oder ein Großteil deiner Schulden nicht von der Restschuldbefreiung umfasst wären, wird dir aber vielleicht keine Verfahrenskostenstundung bewilligt, da die Staatskasse nicht mit unnötigen Verfahrenskosten belastet werden soll.

Eine Ablehnung kann aber immer nur unter sehr engen Voraussetzungen erfolgen:

→ Auch „von der Restschuldbefreiung ausgenommene Forderungen rechtfertigen es nicht, die Stundung der Verfahrenskosten zu verweigern, wenn sie aus anderen Gründen nicht durchsetzbar sind. [BGH, Beschl. vom 16. Januar 2014, Az.: IX ZB 64/12]

Außerdem kann im Laufe des Verfahrens eine Aufhebung der Verfahrenskostenstundung erfolgen, wenn du deine Pflichten nicht erfüllst. Dann droht das Verfahren ohne Erteilung der Restschuldbefreiung mangels Masse eingestellt zu werden.

Allerdings darf dies aber auch nur unter bestimmten Voraussetzungen erfolgen:

→ „Auch unvollständige Angaben des Schuldners, die ein falsches Gesamtbild vermitteln, können zur Aufhebung der Verfahrenskostenstundung führen. Eine Aufhebung der Verfahrenskostenstundung wegen fehlerhafter oder unvollständiger Angaben setzt voraus, dass diese für die Stundungsbewilligung ursächlich waren. [BGH, Beschl. v. 08.01.2009, Az.: IX ZB 167/08]

→ „Die Stundung der Kosten des Verfahrens kann nicht deshalb aufgehoben werden, weil der beschäftigungslose Schuldner sich nicht um eine Beschäftigung bemüht, wenn er nicht in der Lage ist, Einkünfte oberhalb der Pfändungsfreigrenze zu erzielen, und die Befriedigung der Insolvenzgläubiger somit nicht beeinträchtigt ist." [BGH, Beschl. vom 22. Oktober 2009, Az.: IX ZB 160/09]

## Versicherungen

Hast du Versicherungsverträge abgeschlossen, kann der Insolvenzverwalter diese grundsätzlich kündigen, um Prämienguthaben oder Rückkaufswerte zur Insolvenzmasse zu ziehen.

Einige Versicherungen sind aber auch pfändungsgeschützt und damit auch für den Insolvenzverwalter unverwertbar:

→ **Direktversicherung über Arbeitgeber:**

„Ist ein Arbeitnehmer nach Unverfallbarkeit seiner Anwartschaft Versicherungsnehmer einer Direktversicherung der betrieblichen Altersvorsorge geworden, kann in dem Insolvenzverfahren über sein Vermögen der allein aus den Beträgen seines Arbeitgebers gebildete Rückkaufswert nach Kündigung der Versicherung nicht zur Masse gezogen werden." [BGH, Beschl. v. 5.12.2013, Az.: IX ZR 165/13]

→ „Der [...] Pfändungsschutz bestimmter privater Altersvorsorge-Versicherungen erstreckt sich nur auf das vom Versicherungsnehmer aufgebaute Deckungskapital und die nach Eintritt des Versicherungsfalls zu erbringenden Leistungen, nicht jedoch auf die für die Einzahlung erforderlichen Mittel des Schuldners." (BGH, Beschl. v. 12.05.2011, Az.: IX ZB 181/10]

Das bedeutet, dass zwar die Versicherung an sich nicht gepfändet werden kann, die monatlich direkt vom Lohn abgeführten Beträge bei dem pfändungspflichtigen Netto-Einkommen berücksichtigt werden!

→ **Kapital-Lebensversicherung:**

„ Der Insolvenzverwalter muss die in die Insolvenzmasse fallende Kapitallebensversicherung kündigen, wenn er den Rückkaufswert für die Masse beanspruchen will. Er kann sie kündigen, auch wenn der Schuldner mit dem Versicherer [...] den Ausschluss des Kündigungsrechts vereinbart hat, wenn die Lebensversicherung pfändbar ist und in die Insolvenzmasse fällt." [BGH, Urteil v. 1.12.2011, Az.: IX ZR 79/11]

→ **Verwertbarkeit privater Krankenversicherungsvertrag:**

„Ein privater Krankheitskostenversicherungsvertrag wird nicht vom Insolvenzbeschlag umfasst und unterliegt daher nicht dem Wahlrecht des Insolvenzverwalters nach §103 InsO" [BGH, Urt. v. 19.2.2014, Az. IV ZR 163/13]

→ **Verwertbarkeit einer „Riester-Rente":**

„Das vom Schuldner im Rahmen eines Riester-Vertrags angesparte Vermögen ist auch dann gefördertes Altersvorsorgevermögen [...] und mithin [...] unpfändbar, wenn die Voraussetzungen für eine Förderung vorliegen, tatsächlich jedoch von den staatlichen Förderungsmöglichkeiten kein Gebrauch gemacht wurde. [...] Solches Guthaben gehört nicht zur Insolvenzmasse." [LG Aachen, Urt. v. 8.4.2014, Az. 3 S76/13]

Privatinsolvenz –Der Insolvenzverwalter und ich

## Geschafft!

Du hast alle notwendigen Dinge getan, um aus eigener Kraft aus deinen Schulden herauszukommen.

Du hast dein Verfahren aktiv mitgestaltet, deine Pflichten erfüllt und deine Rechte wahrgenommen. Du hast dabei vieles gelernt und geschafft und die Restschuldbefreiung erlangt.

**Du kannst wirklich stolz auf dich sein!**

Wenn dir dieses Buch auf deinem Weg geholfen und dein Vorgehen erleichtert hat, freue ich mich über deine gute Bewertung bei Amazon!

Weitere Infos gibt es unter www.inso-im-griff.de

Alle Angaben in diesem Buch sind sorgfältig erarbeitet und recherchiert. Die Beispiele beruhen auf persönlichen Erfahrungen aus der Praxis der Autorin. Da jedoch gesetzliche Änderungen eintreten oder anderslautende Gerichtsentscheidungen ergehen können, kann eine Gewähr / Haftung für die Vollständigkeit und Richtigkeit nicht übernommen werden. Für verbindliche Auskunft im konkreten Sachverhalt ist der Rat einer Beratungsstelle / eines Rechtsanwalts einzuholen.

Die enthaltenen Musterschreiben sind als Hilfestellung zu sehen und stellen Vorschläge/Anregungen dar. Selbstverständlich können sie aber nicht garantieren, dass die Verhandlungen im Einzelfall erfolgreich sind.

Die Beispiele in diesem Buch sind der Praxis ent-, jedoch nicht wörtlich übernommen. Namen und Daten sind frei erfunden.

Dieses Buch ist urheberrechtlich geschützt und alle Rechte an und aus diesem Buch vorbehalten. Insbesondere sind eine Vervielfältigung und eine Verbreitung ohne ausdrückliche schriftliche Zustimmung der Autorin nicht gestattet. Ebenso wenig darf es unberechtigt elektronisch gespeichert, verarbeitet, vervielfältigt oder verbreitet werden.

## Beispiel-Personen der Reihe inso-im-griff:

**Beate Ohnemoos** = Schuldnerin

**Tim Lieder** = Chef von Beate

**Hans Grummel** = Vermieter von Beate

**Gerd Gerichtsvollzieher** = Vollstreckungsbeamter

**Pia Engel** = Schuldnerberaterin und gute Seele für Beate

**Ingolf Hilfreich** = Rechtsanwalt von Beate

**Agatha Wissend** = Insolvenzverwalterin /Treuhänderin

**Bernd Schulze-Müller** = Richter am Insolvenzgericht

**Alfred Ganz-Korrekt** = Rechtspfleger am Insolvenzgericht

**Michael Kunze** = Justizbeamter am Insolvenzgericht

**Stefan Steuerprüfer** = Finanzbeamter

sowie diverse **Gläubiger**:

Ziel-Bank AG; Anna-Versand; Superphone GmbH; Saft-Kraft-Energie AG; Sparkasse Sorgenstadt; Autohaus H. Blechle; Tolle Hütte Bausparkasse AG; ....

www.ingramcontent.com/pod-product-compliance
Lightning Source LLC
Chambersburg PA
CBHW051809170526
45167CB00005B/1937